LAB MANUAL/ WORKBOOK

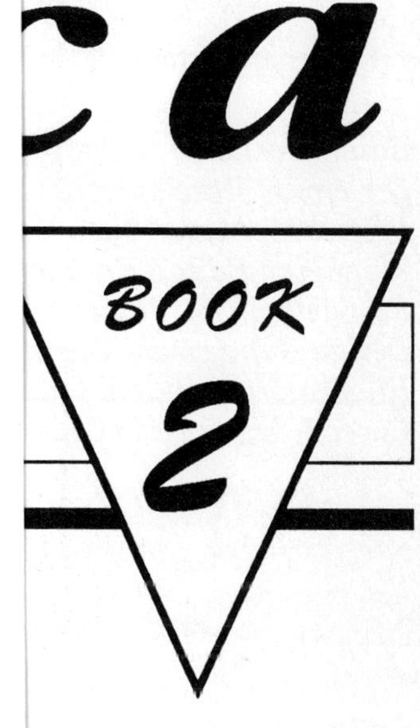

Notice to users of *Golosa, Book 2*

As you continue your study of Russian, you will notice the following printing errors in Book 2 of *Golosa.* These errors will be corrected in the second printing. We apologize for the inconvenience.

Page no.	Where on page	Correction
xxi	second letter	Reverse o and a in **педогагический** to **педагогический.**
2	caption	Caption should read : **Извините.**
88	4th picture.	Caption should read : **Погода сегодня холодная.**
113	Канал Россия	Add K to **НТС на фоне Кремле.**
122	Just above the head: *The formation of comparatives*	Change Italian to Spanish.
161	table *Indeclinable words*	In the box under the word "never" change **никуда (не)** to **никогда (не).**
161	3rd line from bottom	Change **какая-та** to **какая-то.**
172	labeled pictures toward bottom	Transpose the labels **фагот** and **гобой.**
208	last line under #2	Change **пеницеллин** to **пенициллин.**
209	caption under first picture	Caption should read: **У Моники насморк.**
212	dialog 1, line 6	**Гавное** should read **главное.**
240	top row of pictures	Reverse labels **посылка** and **бандероль.**
245	first line	Change **меня** to **мне.**
251	top	Add heading: 8.1 Sending — **посылать/послать** and **отправлять/отправить** ***что кому куда***
277	question 4b	Change "turtles" to "pelicans, crocodiles, flamingos."

Prentice Hall
Englewood Cliffs, New Jersey 07632

Editor-in-Chief: Steve Debow
Director of Development: Marian Wassner
Project Manager: Jean Lapidus
Managing Editor, Production: Jan Stephan and Debbie Brennan
Production Coordinator: Tricia Kenny
Design Supervisor: Christine Gehring-Wolf
Illustrators: Mikhail Gipsov and Yelena Gipsov
Cover Design: Aron Graphics

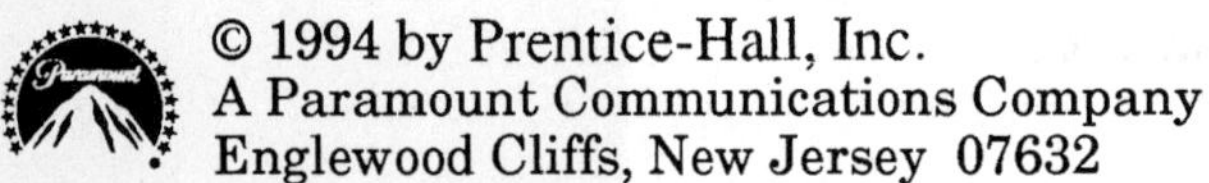

Printed in the United States of America
10 9 8 7 6 5 4 3 2 1

ISBN 0-13-293184-2

Prentice Hall International (UK) Limited, *London*
Prentice Hall of Australia Pty. Limited, *Sydney*
Prentice Hall Canada Inc., *Toronto*
Prentice Hall Hispanoamericana, S.A., *Mexico*
Prentice Hall of India Private Limited, *New Delhi*
Prentice Hall of Japan, Inc., *Tokyo*
Simon & Schuster Asia Pte. Ltd., *Singapore*

СОДЕРЖАНИЕ

РАЗГОВОР ПО ТЕЛЕФОНУ

ФОНЕТИКА И ИНТОНАЦИЯ

IC-2 IN NOUNS OF ADDRESS, GREETINGS AND REQUESTS

You have already seen IC-2 used in

- questions with a question word: **Где́ Ни́на[2]?**
- emphatic statements: **Я зна́ю Ни́ну[2] (а не Оле́га[1]!)**

IC-2 is also used in

- nouns of address:

  \
  Лю́ба! У меня к тебе́ больша́я про́сьба.

- greetings and direct requests (requests that do not take the form of a question)

  —\
  Алло!

  \ — — — — \ \ —
  Здра́вствуйте! Бу́дьте добры́, Ни́ну.

English has a similar intonation contour, but it is highly marked for rudeness. In contrast, in Russian IC-2 is in no way considered rude.

General review of IC-2. Look at the dialog below. Write a "2" over the intonation center of every sentence which you expect to have IC-2. Remember not to confuse IC-2 with IC-3. Then listen to the dialog on tape to see if you were correct.

— Алло́! Позови́те Ма́шу, пожа́луйста.

— Да́шу? У нас нет никако́й Да́ши.

— Нет, *Ма́шу*.

— Сейча́с. Одну́ мину́точку. Ма́ша! Тебя́ к телефо́ну!

— Алло́!

— Ма́ша, здра́вствуй!

— Кто э́то говори́т?

— Это Се́ня.

— Се́ня? Како́й Се́ня?! Я никако́го Се́ни не зна́ю!

— Как не зна́ешь?! Это Се́ня Аки́мов! Ты что, меня́ не по́мнишь?

— Ой, здра́вствуй, Се́нечка! Где ты? Отку́да ты звони́шь? Ты в го́роде? Бо́же мой! Се́нечка! Поду́мать! Ско́лько лет!

— Я в го́роде. Прие́хал на два дня.

— Се́ня, обяза́тельно на́до встре́титься! Ты ве́чером свобо́ден? Я сто́лько расска́зывала о тебе́ му́жу.

— Зна́чит, у тебя́ есть муж?

— Да, давно́. И дво́е дете́й есть.

— Поня́тно. Понима́ешь, сего́дня, к сожале́нию, у меня́ официа́льная встре́ча. Зна́ешь, что? Я тебе́ позвоню́ за́втра. Я до́лжен посмотре́ть, когда́ у меня́ зако́нчится совеща́ние. Ой, Ма́ша, я ви́жу, что уже́ шесть часо́в. Извини́, дорога́я! Я опа́здываю на встре́чу. До свида́ния!

Имя и фамилия ______________________________

УСТНЫЕ УПРАЖНЕНИЯ

Oral Drill 1 — (Telephone etiquette and review of accusative case) Ask to speak to the following people on the telephone.

Бори́с Никола́евич ⇨ *Бу́дьте добры́, Бори́са Никола́евича.*
Елизаве́та Семёновна ⇨ *Бу́дьте добры́, Елизаве́ту Семёновну.*

Алекса́ндр Бори́сович
Алекса́ндра Петро́вна
Со́ня
Арка́дий Васи́льевич
Вади́м
Еле́на Петро́вна

Oral Drill 2 — (Telephone etiquette and review of genitive of absence) Say that the following people are not available. Remember to use genitive pronouns.

Бу́дьте добры́, Ка́тю. ⇨ *Её нет.*

Бу́дьте добры́, Ди́му.
Мо́жно Ла́ру и́ли Оле́га
Бу́дьте добры́, Ми́шу.
Мо́жно Са́шу и́ли Ле́ну.

Oral Drill 3 — (1.1 Cardinal numbers) Practice pronouncing numbers by reading the following telephone numbers outloud. Check your responses against the tape.

Ми́ша	101-11-22	Анна	606-66-77
Са́ша	202-22-33	Жа́нна	707-77-88
Ла́ра	303-33-44	На́стя	808-88-99
Бори́с	404-44-55	Гри́ша	909-99-20
Оле́г	505-55-66	Ка́тя	520-19-12

Oral Drill 4 — (1.2 **звони́ть/по- кому куда** and review of dative and accusative cases) Indicate who will call whom or where, following the models.

я — дом ⇨ *Я позвоню́ домо́й.*
Вася — Анна ⇨ *Вася позвони́т Анне.*

мы — Алекса́ндра Бори́совна
Алекса́ндра Бори́совна — наш сосе́д
наш сосе́д — но́вая шко́ла
но́вый учи́тель — Влади́мир Ива́нович
Влади́мир Ива́нович — Москва́
мои друзья́ — наш институ́т

Oral Drill 5 — (1.3 **слы́шать**) Indicate that you have already heard the following bits of gossip.

Наш преподава́тель е́дет в Москву́! ⇨ ***Мы уже́ слы́шали, что он е́дет в Москву́!***

У нас бу́дет но́вый преподава́тель!
Но́вый преподава́тель из Норве́гии!
Он зна́ет и ру́сский и украи́нский языки́!
Его́ зову́т Кнут!

Oral Drill 6 — (1.3 **слы́шать**) The room is very noisy. Say that the following people can't hear what is going on.

Са́ра не слы́шит.
Я ⇨ ***И я не слы́шу.***
Мы ⇨ ***И мы не слы́шим.***

де́ти, ты, твоя́ сестра́,
я, вы, на́ши роди́тели

Oral Drill 7 — (1.3 **ви́деть**) Several spectators at a soccer game got such bad seats that they can't see the game. Others have good seats and see well. Follow the models to indicate who sees well and who doesn't.

У Ки́ры хоро́шее ме́сто. ⇨ ***Она́ хорошо́ ви́дит.***
У Жа́нны плохо́е ме́сто. ⇨ ***Она́ не ви́дит.***

У ма́мы и па́пы хоро́шие места́.
У Вади́ма хоро́шее ме́сто.
У нас плохи́е места́.
У Са́ши и Ле́ны хоро́шие места́.
У меня́ плохо́е ме́сто.
У тебя́ плохо́е ме́сто.
У Окса́ны Влади́мировны плохо́е ме́сто.

Oral Drill 8 — (1.3 **смотре́ть, слу́шать**) Tell who is watching and listening to what, following the models. Remember to use accusative case for the direct object.

Ле́на — футбо́л ⇨ ***Ле́на смо́трит футбо́л.***
Ла́ра — му́зыка. ⇨ ***Ла́ра слу́шает му́зыку.***

роди́тели — конце́рт
мы — фильм
я — баскетбо́л
Вади́м — рок-му́зыка
де́ти — уро́к
ты — телеви́зор
вы — разгово́р

Oral Drill 9 — (1.4 **мочь**) Only those who are not busy can go to the movies. Tell who can and who can't go, following the model.

Ми́ша свобо́ден. ⇨ ***Он мо́жет пойти́ в кино́.***
Вы смо́трите телеви́зор. ⇨ ***Вы не мо́жете пойти́ в кино́.***

Мы свобо́дны.
Ты чита́ешь.
Алла занима́ется.
Де́ти свобо́дны.
Я пишу́ пи́сьма.
У нас сейча́с заня́тия.
Роди́тели свобо́дны.

Oral Drill 10 — (1.5 **тот же** and review of cases) Say that you do the same things as the people talking.

Мы живём на у́лице Попо́ва. ⇨ ***Я живу́ на той же у́лице!***
Мы чита́ем газе́ту «Ве́сти». ⇨ ***Я чита́ю ту же газе́ту!***

Мы слу́шаем конце́рт Мо́царта.
Мы говори́м о газе́те «Темп».
Мы смо́трим фильм «Зе́ркало».
Мы живём в но́вом общежи́тии.
Мы чита́ем ру́сские журна́лы.
Мы смо́трим програ́мму «Взгляд».
Мы зна́ем америка́нского студе́нта.

Oral Drill 11 — (1.6 short-form adjective **свобо́ден**) Ask whether the following people are free.

Анна ⇨ ***Анна свобо́дна?***
ты (Ива́н) ⇨ ***Ты свобо́ден, Ива́н?***

вы, ты (Ма́ша), роди́тели,
Бори́с Миха́йлович,
вы (Алла Андре́евна), сосе́ди по ко́мнате,
на́ши друзья́

Oral Drill 12 — (1.6 short-form adjective **за́нят**) Say that the following people are busy.

Карл ⇨ ***Карл за́нят.***
Ма́ша ⇨ ***Маша занята́.***

вы, Аля, её роди́тели, Ва́ня, мы, я

Oral Drill 13 — (1.7 **сказа́ть**) Ask whether the person mentioned in the prompt will tell you how to call the U.S.

Вы ⇨ ***Вы не ска́жете, как позвони́ть в США?***

телефони́стка, секрета́рь,
ты, вы, ва́ши роди́тели

Oral Drill 14 — (1.7 **показа́ть**) Asked if someone has shown you a book, you respond no, but you are sure that you will be shown the book.

— Твой друг не показа́л тебе́ эту кни́гу? ⇨ ***— Нет, но он пока́жет.***

твои́ друзья́, я, преподава́тель,
врач, сосе́ди, мы

Oral Drill 15 — (1.7 **заказа́ть,** and **сам**) When told that Anya is ordering calls for various people to the States, say that they will order the calls themselves.

— Аня зака́зывает Ве́ре разгово́р в США. ⇨ ***— Ве́ра сама́ зака́жет разгово́р.***

бизнесме́ну, нам, студе́нтке, тебе́,
студе́нтам, ва́шему сосе́ду

Oral Drill 16 — (1.7 verb review) When told that Vitya just did something, say that he always does it.

— Ви́тя рассказа́л нам о свое́й семье́. ⇨
— Ну, он всегда́ расска́зывает нам о свое́й семье́.

Ви́тя...
показа́л дом
купи́л кни́ги
заплати́л в кафе́
съел котле́ты
вы́пил во́дку
заказа́л моро́женое
посмотре́л футбо́л
посове́товал нам спать
сказа́л пра́вду
позвони́л сы́ну

Oral Drill 17 — (1.7 verb review) Substitute words following the pattern, tense, and aspect used. If asked in the future tense, respond with the perfective.

Показа́ть дом
— Что вы сейча́с де́лаете? ⇨ ***— Я пока́зываю дом.***
— Что вы сейча́с бу́дете де́лать? ⇨ ***— Я покажу́ дом.***
— Что вы уже́ сде́лали?. ⇨ ***— Я показа́л дом.***
— Что сейча́с де́лает студе́нтка? ⇨ ***— Она́ пока́зывает дом.***
— Что вы де́лали вчера́? ⇨ ***— Я пока́зывал дом.***

Рассказа́ть об Аме́рике:
Что де́лает Пе́тя?
Что вы бу́дете де́лать?
Что вы де́лали вчера́?

Купи́ть но́вый слова́рь:
Что вы де́лаете?
Что вы уже́ сде́лали?
Что де́лают студе́нты?
Что ты бу́дешь де́лать за́втра?
Что бу́дет де́лать студе́нт?

Заплати́ть за проду́кты:
Что бу́дет де́лать Ни́на?
Что ты де́лаешь?
Что де́лает Воло́дя?
Что Ма́ша уже́ сде́лала?

Съесть моро́женое:
Что ты сейча́с де́лаешь?
Что де́лают де́ти?
Что вы все де́лаете?
Где моро́женое?
Что вы с ним сде́лали?
Что вы де́лали на ве́чере?

Вы́пить вино́:
Что ты сейча́с де́лаешь?
Что сейча́с де́лают ма́льчики?
Где вино́?
Что Ни́на с ним сде́лала?
Что вы де́лали на ве́чере?

ПИСЬМЕННЫЕ УПРАЖНЕНИЯ

1. (Telephone etiquette and review of accusative and genitive cases) Fill in the blanks in these short telephone exchanges, as in the model. (Note: You need the genitive case of the pronouns to indicate that the person asked for is not present.)

— Будьте добры, (Эрик) ⇨ *Эрика* — *Его* нет.

1. — Будьте добры, (Джон) ______________________________. — _______нет.

2. — Будьте добры, (Лара) ______________________________. — _______нет.

3. — Будьте добры, (Василий Иванович) ______________________________

. — _______нет.

4. — Будьте добры, (Марья Карловна) ______________________________

. — _______нет.

5. — Будьте добры, (Олег) ______________________________. — _______нет.

2. (1.1 Cardinal Numbers) Write out the following telephone numbers as words.

987-65-43 ____

____

672-91-55 ____

____

216-60-24 ____

____

436-82-18 ____

____

347-19-12 ____

____

your number ____

____

3. (1.2 **звонить/по- кому куда**) Indicate that you will make the following telephone calls tomorrow, as in the models.

   Нью-Йорк: ⇨ *Завтра я позвоню в Нью-Йорк.*

   Вадим: ⇨ *Завтра я позвоню Вадиму.*

   Бостон: ______________________________

   Москва: ______________________________

   Анна: ______________________________

   Марья Сергеевна: ______________________________

   Виктор Борисович: ______________________________

   Филадельфия: ______________________________

   наш друг: ______________________________

   Киев: ______________________________

   Сан-Франциско: ______________________________

   мама и папа: ______________________________

4. (1.3 **слышать-слушать, видеть-смотреть**) Fill in the blanks in the following passage with the correct form of one of these verbs.

   Эйми сейчас учится в Петербурге. Там у неё много русских друзей. Они часто ______________________ друг друга*. Её друзья Саша и Ольга очень любят театр. Поэтому они часто ______________________ пьесы вместе. Её подруга Валя часто приглашает её в кино. Валя ______________________, что сейчас идёт новый итальянский фильм, и девушки думают его посмотреть в пятницу. Её друг Боря очень любит спорт. Эйми кажется, что он всегда ______________________ футбол или хоккей по телевизору.

* друг друга = each other

Эйми не очень любит _________________________ телевизор, хотя она обычно _________________________ новости. Но когда она отдыхает, она _________________________ радио, читает романы или пишет письма.

Эйми любит получать письма. Вчера она получила от сестры и письмо, и фотографии. Она показала эти фотографии на лекции, и все студенты _____________________ их с интересом.

После лекции преподаватель спросил, где Джон. Эйми сказала, что она его не _________________________. Вечером Джон ей сказал, что он не ходил на лекцию, потому что он в это время _____________________ концерт.

5. (1.3 **слышать-слушать, видеть-смотреть** - personalized) Write a 5- to 10-sentence paragraph about things you like to see and listen to. It is not necessary to use all four of these verbs, but use at least two of them.

____

____

____

____

____

____

____

____

____

____

____

____

____

____

6. (1.4 **мочь** and 1.6 review of **должен**) **Кто приготовит ужин?** Everyone has some reason why s/he can't cook dinner tonight. Fill in the blanks with the correct form of the verb **мочь** and with a good excuse, as in the model. Do not repeat any excuses. Remember that **должен** must agree with its grammatical subject and that it is followed by an infinitive.

Анна не *может* **приготовить ужин, потому что она** *должна пойти на концерт.*

1. Иван не ______________________ приготовить ужин, потому что он

____

2. Мы не ________________________ приготовить ужин, потому что мы

____

3. Я не __________________________ приготовить ужин, потому что я

____

4. Вы не _________________________ приготовить ужин, потому что вы

____

5. Мама и папа не ________________ приготовить ужин, потому что они

____.

6. Ты не __________________________ приготовить ужин, потому что ты

____.

7. (1.7 - Verbs; plus review of accusative case pronouns) Contradictions. Indicate that the following statements are not reciprocal. Follow the model.

Он её любит. ⇨ *Но она его не любит.*

Мы вас понимаем. ⇨ *Но вы нас не понимаете.*

1. Ты меня знаешь.

____

2. Она нас слушает.

____

3. Они тебя спрашивают.

____

4. Я их люблю.

____

5. Вы его знаете.

____

6. Он вас видит.

____

7. Мы её понимаем.

____

8. (1.7 - Verbs) Vadim and his brothers are very different. Fill in the blanks in the following sentences with the correct present tense verb forms.

   1. (учиться) Вадим ____________________ в институте, а его братья ____________________ в университете.
   2. (любить) Вадим ____________________ Достоевского, а его братья ____________________ Толстого.
   3. (готовить) Вадим часто ____________________ ужин, а его братья никогда не ____________________.
   4. (покупать) Вадим редко ____________________ пластинки (records), а его братья их часто ____________________.
   5. (советовать) Вадим никогда не ____________________ маме, что делать, а его братья всегда ей ____________________.
   6. (рассказывать) Вадим часто ____________________ анекдоты (jokes), а его братья редко их ____________________.
   7. (ходить) Вадим каждую неделю ____________________ в библиотеку, а его братья туда ____________________ только раз в месяц.
   8. (брать) В библиотеке Вадим ____________________ книги на английском языке, а его братья ____________________ книги на русском.
   9. (писать) Вадим никому не ____________________ письма, а его братья ____________________ и дедушке и тёте.
   10. (хотеть) Вадим ____________________ поехать в Аргентину, а его братья ____________________ поехать в Испанию.

9. (1.7 - Verbs - personalized) Are you more like Vadim or his brothers? (See Written Exercise 8, above.) On a separate sheet of paper, write 10 sentences about yourself, using the verbs from Exercise 8. For the first sentence, for example, you might write *Я учусь в институте, Я учусь в университете,* or *Я не учусь, я работаю.*

Имя и фамилия ___________________________________

10. (1.7 Verb Conjugation, Perfective Future) Promises. Anna hasn't done any of the things she promised. When her mother asks her if she's completed an activity, she promises to do it tomorrow. Write Anna's responses to her mother's questions, following the model.

Ты прочитала статью? ⇨ *Я завтра её прочитаю.*

1. Ты написала письмо?

____

2. Ты купила билеты?

____

3. Ты позвонила Лене?

____

4. Ты приготовила урок?

____

5. Ты взяла «Анну Каренину» в библиотеке?

____

6. Ты заказала столик в ресторане?

____

7. Ты прослушала кассету?

____

8. Ты сделала фотографии?

____

11. (1.7 - Verbs) Complete the transcriptions of the following telephone conversations using the verbs in the boxes. Use each verb only once. Note that you need to select the correct verb, and also to use the tense required by the context and to make the verb agree with its grammatical subject.

A.

встретиться • говорить • дать договориться • мочь • сказать • слушать

— Алло!

— Можно Пашу?

— Я вас ______________________________!

— Это ______________________ Мэтью Ларк. Мне Сара Грин ______________________ ваш номер и______________________, что я ______________________ позвонить. Я буду здесь неделю и хотел бы познакомиться, если у вас будет время.

— Вы свободны завтра вечером?

— Свободен.

— Давайте ______________________ у памятника Пушкину перед кинотеатром «Россия».

— Когда?

— В семь часов.

— ______________________________.

Имя и фамилия ____

В.

быть • говорить • думать • знать сказать • слышать • слушать

— ____!

— Можно Нину?

— Это ________________________________ Нина.

— Нина, это Кирстен. Ты не ________________________________, когда будет

контрольная работа* по истории?

— ________________________________, что она ________________________________ в

пятницу.

— Как ты ________________________________? Я тебя не

________________________________.

— Контрольная, кажется, в пятницу.

— Спасибо.

* **контрольная работа** = quiz, test

Имя и фамилия ____________________

12. (1.7 - Verbs) Complete the description of Jerome's day by filling in the blanks with the appropriate present tense verbs.

вставать идти одеваться принимать	Джером очень рано ____________ ____________ душ, ____________, а потом ____________ в столовую.
завтракать читать	Там он ____________ и ____________ газету.
идти опаздывать пить	Если он не ____________, он ____________ ещё одну чашку кофе, а потом ____________ на занятия.
идти обедать	В 12 часов кончается (concludes) последняя лекция, и он ____________ домой в общежитие, где он ____________
заниматься играть (to play) слушать смотреть ужинать	После обеда Джером обычно ____________ в библиотеке, но во вторник он ____________ в футбол. В 6 часов он ____________. После ужина Джером или ____________ телевизор, или ____________ радио
делать звонить ложиться рассказывать спрашивать	Если его родители ____________, они ____________ о его планах, и он ____________, что он ____________ каждый день. В 11 часов он ____________

13. (1.7 - Verbs, personalized) Does your schedule resemble Jerome's? (See Written Exercise 12 above.) On a separate sheet of paper, write 8-10 sentences describing your typical day. Remember to use what you know, not what you don't know.

14 (1.7 - Verbs, and Review of Aspect) Fill in the blanks in the following passage with the appropriate past-tense verb form. Then write a sentence or two to conclude the passage.

— Что ____делал____ Дженнифер вчера?
делать/с-

— Когда она ____завтракала____, она
завтракать/по-

____слушала____ новости по радио. Диктор
слушать/про-

____говорил____ о классической музыке и
говорить/сказать

____говорил____ что в пятницу будет концерт
говорить/сказать

знаменитого молодого пианиста. Дженнифер ____решила____
решать/решить (to decide)

пойти на этот концерт. После завтрака она ____пошла____ на занятия,
ходить ~пойти

а потом в библиотеку. В библиотеке она четыре часа ____занималась____.
заниматься

В пять часов она ____пошла____ в киоск покупать
ходить ~ пойти

билеты на концерт, но она уже ____забыла____, когда
забывать/забыть

и где он будет.

____

____

____

____

КАК ПОПАСТЬ?

ФОНЕТИКА И ИНТОНАЦИЯ

A. HARD CONSONANTS **Ц Ш Ж**

You know that Russian has both hard (nonpalatalized) and soft (palatalized) consonants. Soft consonants are pronounced with the middle of the tongue near the roof of the mouth (the palate), as if a [y] sound were embedded in them.

Most consonant letters have both a hard and a soft variant. Usually you tell whether a consonant is hard or soft by looking at the following letter:

а	э	о	ы	у	∅	indicate the preceding consonant is hard.
я	е	ё	и	ю	ь	indicate the preceding consonant is soft.

However, the consonants **Ц**, **Ж**, and **Ш** are always pronounced hard, no matter what letter follows. This has consequences for the pronunciation of certain words, such as the following:

WE SPELL...	*BUT WE SAY...*
ста́нция	ста́нц[**ы**]я
конце́рт	конц[**э́**]рт
жёлтый	ж[**о**]лтый
живёт	ж[**ы**]вёт
маши́на	маш[**ы́**]на

Note that the spelled combination **тс** acts as if it were **ц**.Therefore...

WE SPELL...	***BUT WE SAY...***
нахóдится	нахóди[**ца**]

Part of the 7-letter spelling rule (**ы** ⇨ **и** after **к, г, х, <u>ж</u>, ч, <u>ш</u>, щ**) is in direct conflict with this pronunciation rule. Remember to pronounce according to the rule just given, but to spell according to the 7-letter spelling rule.

Now listen to the words below, paying special attention to permanently hard consonants. Underline each such consonant and in parentheses above, write the vowel you hear following the consonant. (Remember, these are vowels you hear, not vowels you spell!)

образéц: **Где нахóдятся вáши кóмнаты?** (*[а]* above "нахóдятся", *[ы]* above "вáши")

1. Это стáнция метрó «Плóщадь Пýшкина»?
2. Где нахóдится ресторáн?
3. Волóдя сейчáс в гаражé.
4. У вас такúе большúе кóмнаты?
5. Вы живёте в общежúтии?
6. Я живý на пéрвом этажé.
7. Моя́ машúна жёлтая.
8. Эта кнúга стóит шесть рублéй.

Имя и фамилия ________________________________

B. IC-3 AND PAUSES.

Most longer sentences are broken up into breath groups. Each breath group has its own intonation contour. Listen to these sentences.

1. Вам на́до сесть на авто́бус | и прое́хать две остано́вки.

2. Вам на́до сесть на метро́ | и вы́йти на ста́нции «Че́ховская».

3. Тало́ны мо́жно купи́ть тут в кио́ске | или пря́мо в авто́бусе.

4. Вам на́до сесть на метро́ | и прое́хать одну́ ста́нцию.

The first (non-final) breath group in each sentence is marked by IC-3, the same intonation found in yes-no questions. The second (final) breath group is marked by IC-1, the intonation characteristic of simple declarative sentences. Russians often use IC-3 on non-final breath groups before a pause. IC-1 is used on the final breath group at the end of the sentence.

Listen to the following directions to someone's apartment. Mark the break between breath groups. Then mark the intonation contours for both groups by placing the appropriate number over the stressed syllable

образе́ц: У нас есть квартира (3), | но нет машины (1).

1. Мы живём недалеко́ от метро́ на проспе́кте Чка́лова.

2. Вот вы ся́дете на метро́ и прое́дете три ста́нции.

3. Вы вы́йдете на четвёртой остано́вке и переся́дете на второ́й тролле́йбус.

4. Тут вы прое́дете две остано́вки и вы́йдете на остано́вке «у́лица Ра́дио».

5. Пото́м иди́те пря́мо и нале́во.

6. Вы уви́дите по́чту, ма́ленькую шко́лу, а пото́м — кинотеа́тр «Марс».

7. Да́льше, за кинотеа́тром, вы уви́дите наш дом.

8. Войди́те в дом и подними́тесь на пя́тый эта́ж.

УСТНЫЕ УПРАЖНЕНИЯ

Oral Drill 1 — (Asking directions) Practice getting the attention of a passerby on the street in Moscow and asking where the following places are located.

Истори́ческий музе́й ⇨ ***Вы не ска́жете, где нахо́дится Истори́ческий музе́й?***

гости́ница «Ко́смос»
Кра́сная пло́щадь
Третьяко́вская галере́я
кинотеа́тр «Ви́тязь»
Большо́й теа́тр
остано́вка авто́буса
остано́вка тролле́йбуса
остано́вка трамва́я
ста́нция метро́
стоя́нка такси́

Oral Drill 2 — (Asking directions) Often people in a big hurry are willing to stop to give directions only after they hear what it is you are asking about. Therefore, it is often a good idea to state the place you are asking about at the beginning of your question. Practice asking about the following places in St. Petersburg.

Библиоте́ка ⇨ ***Извини́те, библиоте́ка где нахо́дится?***

университе́т и́мени Ге́рцена
Не́вский проспе́кт
Ру́сский музе́й
Эрмита́ж
Санкт-петербу́ргский университе́т
остано́вка авто́буса
остано́вка тролле́йбуса
остано́вка трамва́я
ста́нция метро́
стоя́нка такси́

Имя и фамилия ______________________________

Oral Drill 3 — (Asking directions and review of accusative case) Rephrase the questions, using **Как попа́сть..?**

Где нахо́дится Кра́сная пло́щадь? ⇨ ***Как попа́сть на Кра́сную пло́щадь?***
Где нахо́дится университе́т? ⇨ ***Как попа́сть в университе́т?***

Где нахо́дится...?
шесто́е общежи́тие
ста́нция метро́
Центра́льная пло́щадь
городска́я библиоте́ка
Истори́ческий музе́й
Институ́т имени Па́влова
Росси́йский университе́т
Центра́льный ры́нок

Oral Drill 4 — (Asking directions and review of accusative case) Ask how long it takes to walk to the following places in St. Petersburg.

Библиоте́ка ⇨ ***Скажи́те, пожа́луйста, ско́лько вре́мени идти́ в библиоте́ку?***

по́чта, кинотеа́тр, на́ша гости́ница,
Эрмита́ж, Ру́сский музе́й,
Не́вский проспе́кт, Гости́ный двор,
кни́жный ры́нок

Oral Drill 5 — (2.1 - "having") Indicate that your town has the following points of interest.

Библиоте́ка ⇨ ***В на́шем го́роде есть библиоте́ка.***

па́мятник, па́рки,
кинотеа́тры, университе́т, бассе́йн

Oral Drill 6 — (2.1 - "not having" and review of genitive case) Indicate that your town does not have the following things.

Пло́щадь ⇨ ***В на́шем го́роде нет пло́щади.***

институ́т
метро́
но́вая библиоте́ка
ботани́ческий сад
истори́ческий музе́й
ста́рая гости́ница

Имя и фамилия ______________________________

Oral Drill 7 — (2.2 Right/Left and review of genitive case) You are asked about the location of several buildings. Indicate where they are located.

— Где теа́тр? (Спра́ва — музе́й) ⇨ *— Теа́тр спра́ва от музе́я.*
— Где библиоте́ка? (Сле́ва — институ́т) ⇨ *— Библиоте́ка сле́ва от институ́та.*

Где ...
Парк? (Спра́ва — общежи́тие)
Ста́нция метро́? (Сле́ва — теа́тр)
Бассе́йн? (Сле́ва — музе́й)
Общежи́тие? (Сле́ва — парк)
Институ́т? (Спра́ва — шко́ла)
Кни́жный магази́н? (Спра́ва — парк)
Стоя́нка такси́? (Сле́ва — библиоте́ка)

Oral Drill 8 — (2.2 Spatial adverbs and review of genitive case) Vadim has everything mixed up. Straighten him out.

— Университе́т далеко́ от це́нтра? ⇨ *— Нет, университе́т недалеко́ от це́нтра.*
— Ста́нция метро́ спра́ва от па́рка? ⇨ *— Нет, ста́нция метро́ сле́ва от па́рка.*

Студе́нческое общежи́тие недалеко́ от институ́та?
Кинотеа́тр спра́ва от магази́на?
Па́мятник сле́ва от па́рка?
ГУМ далеко́ от Ста́рой пло́щади?
Ста́рая пло́щадь далеко́ от кафе́?
Университе́тская библиоте́ка сле́ва от ры́нка?
Нью-Йорк на за́паде США?
Лос-Анджелес недалеко́ от Нью-Йо́рка?
Яросла́вль на ю́ге от Москвы́?
Санкт-Петербу́рг на восто́ке Росси́и?

Oral Drill 9 — (2.3 - **рядом с чем** - instrumental case) Agree that the places are next to one another.

— Китáйский ресторáн ря́дом с нóвым магази́ном? ⇨
— Да, нóвый магази́н ря́дом с китáйским ресторáном.

Нóвый парк ря́дом со стáрым бассéйном?
Библиотéка ря́дом с нóвым институ́том?
Истори́ческий музéй ря́дом с Крáсной плóщадью?
Музéй ря́дом с пáрком?
Крáсная плóщадь ря́дом с Кремлём?
Нóвый магази́н ря́дом со стáрым магази́ном?
Хорóший ресторáн ря́дом с э́тим общежи́тием?
Большóе здáние ря́дом с универмáгом?

Oral Drill 10 — (2.2 and 2.3 - spatial adverbs) Masha has everything mixed up. The buildings she thinks are next to each other are in fact across the street from each other. And the places she thinks are across from each other are next to each other. Straighten her out.

— Больни́ца ря́дом с кинотеáтром? ⇨ ***— Нет, больни́ца напрóтив кинотеáтра.***
— Музéй напрóтив общежи́тия? ⇨ ***— Нет, музéй ря́дом с общежи́тием.***

Стáнция метрó напрóтив шкóлы?
Центрáльная плóщадь напрóтив библиотéки?
Кафé ря́дом с больни́цей?
Нóвый вокзáл ря́дом с пáрком?
Столóвая напрóтив бассéйна?

Oral Drill 11 — (2.4 - **чéрез одну́ остановку = на вторóй остановке**) Bus passengers traveling think they know which stop is theirs, but are not sure. Confirm their guesses.

— Нáдо вы́йти чéрез две остановки? ⇨ ***— Да, на трéтьей остановке.***

Нáдо вы́йти...
чéрез одну́ остановку?
чéрез две остановки?
чéрез три остановки?
сейчáс?

Oral Drill 12 — (2.5 - means of transportation and review of prepositional case) Tell how various people are going downtown.

Мари́я — авто́бус ⇨ *Мари́я е́дет в центр на авто́бусе.*

Кири́лл — такси́
Ла́ра — маши́на
Ва́ня — метро́
Со́ня — тролле́йбус
Са́ша — авто́бус
Аля — трамва́й
Алик — авто́бус

Oral Drill 13 — (2.6 - **е́здить**) Say that the following people take the bus to work.

На рабо́ту я е́зжу на авто́бусе.
Ты ⇨ *На рабо́ту ты е́здишь на авто́бусе.*

Ми́ша и Серге́й, мы, я,
вы, на́ши сосе́ди, Валенти́на

Oral Drill 14 — (2.5-6 - **е́здить на чём** vs. **ходи́ть пешко́м**) Tell how the following people get to and from work.

Алла Андре́евна — маши́на ⇨ *Алла Андре́евна е́здит на рабо́ту на маши́не.*
Васи́лий Петро́вич — пешко́м ⇨ *Васи́лий Петро́вич хо́дит на рабо́ту пешко́м.*

Екатери́на Миха́йловна — метро́
Вале́рий Па́влович — авто́бус
Евге́ния Бори́совна — пешко́м
Григо́рий Алекса́ндрович — тролле́йбус
Кса́на Юрьевна — трамва́й
Михаил Бори́сович — пешко́м

Oral Drill 15 — (2.7 - imperatives) Rephrase the following bits of advice as commands.

Я сове́тую вам написа́ть письмо́. ⇨ *Напиши́те письмо́!*

Я сове́тую вам ...
сде́лать уро́ки
сказа́ть пра́вду
купи́ть биле́ты в кино́
рассказа́ть всё ма́ме
показа́ть докуме́нты
пообе́дать до́ма
отве́тить на вопро́с

Имя и фамилия ____________________

Oral Drill 16 — (2.7 - imperatives) Rephrase the following suggestions as commands. Note that in this exercise you are using **ты** forms.

На́до поду́мать об э́том! ⇨ ***По́думай об э́том!***

На́до...
посмотре́ть фильм
прослу́шать кассе́ту
проби́ть тало́н
переда́ть биле́т
пойти́ в университе́т
заплати́ть за биле́т
сде́лать рабо́ту
написа́ть упражне́ния
посмотре́ть програ́мму
пригото́вить пи́ццу
пое́хать в Росси́ю
вы́йти на второ́й остано́вке

Oral Drill 17 — (2.7 - imperatives) Tell your friends not to do the things they ask about. The imperfective is used for these negative commands.

— Нам на́до купи́ть эту кни́гу? ⇨ ***— Нет, не покупа́йте э́ту кни́гу!***

Нам на́до ...?
пойти́ на уро́к
занима́ться в библиоте́ке
отве́тить на вопро́с
сказа́ть об э́том
спроси́ть об э́том
поду́мать об э́том
рассказа́ть о семье́
заказа́ть биле́ты
посмотре́ть э́тот фильм
пойти́ в библиоте́ку

Oral Drill 18 — (2.7 - imperatives) Your friend thinks that you have advised her to do something. Make it clear that she should not do what she was thinking of doing. Use imperfective verbs for the negative commands.

— Ты сове́туешь сказа́ть пра́вду? ⇨ ***— Нет, что ты! Не говори́ пра́вду!***

Ты сове́туешь...?
купи́ть э́ту кни́гу
рассказа́ть всё
показа́ть фотогра́фии
написа́ть ма́ме
отве́тить на вопро́с

Имя и фамилия ______________________________

ПИСЬМЕННЫЕ УПРАЖНЕНИЯ

1. (2.1 - "having") Practice the different Russian constructions for indicating a person has something versus a thing/place has something by rendering the following ideas in Russian.

   Boris has a room in a new dormitory.

   ____

   The dormitory has a cafeteria on the first floor.

   ____

   Boris does not have a television set, but the floor has a television.

   ____

   In the city there is a new library. The library has interesting books.

   ____

   Boris doesn't have a car, but the town has buses and a subway.

   ____

2. (2.1 - "having" and "not having" - personalized) Complete the following sentences with two or three words in the needed case.

   1. У меня есть ______________________________.
   2. У меня нет ______________________________.
   3. В нашем университете нет ______________________________.
   4. У нас есть ______________________________.
   5. У нас в городе нет ______________________________.

3. (2.2 - spatial adverbs) **Описание города.** Fill in the blanks with appropriate words, based on the picture.

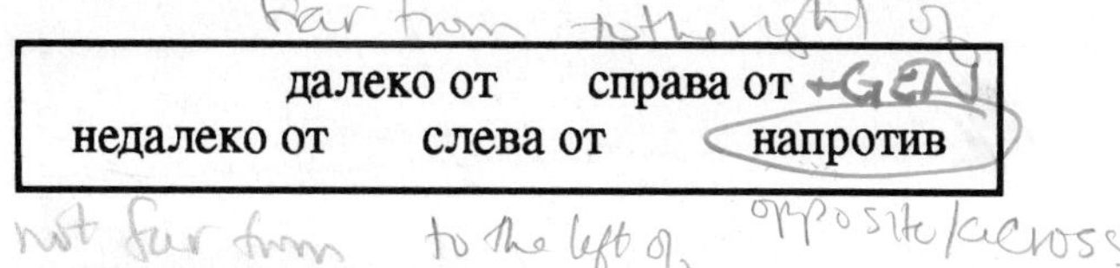

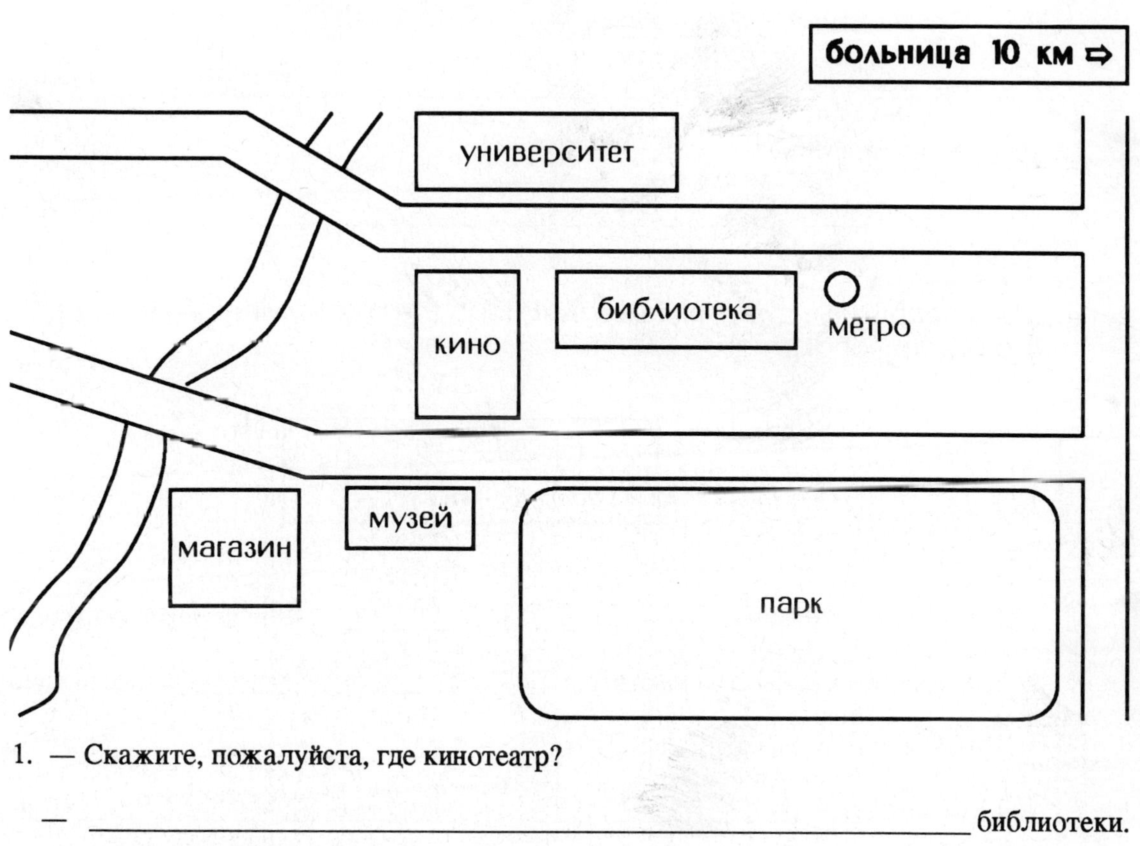

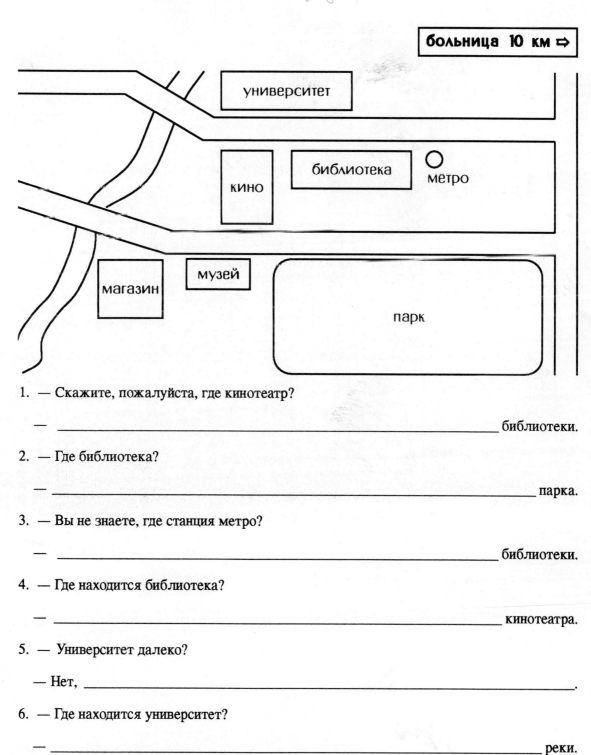

1. — Скажите, пожалуйста, где кинотеатр?

   — ______________________________ библиотеки.

2. — Где библиотека?

   — ______________________________ парка.

3. — Вы не знаете, где станция метро?

   — ______________________________ библиотеки.

4. — Где находится библиотека?

   — ______________________________ кинотеатра.

5. — Университет далеко?

   — Нет, ______________________________.

6. — Где находится университет?

   — ______________________________ реки.

7. — Новый магазин где находится?

   — ______________________________ музея.

8. — Скажите, пожалуйста, где находится музей?

   — ______________________________ нового магазина.

9. — Скажите, пожалуйста, где парк?

   — Он ______________________________ библиотеки.

10. — А больница где?

    — ______________________________ центра города.

4. (2.2-3 **напротив *чего*** vs **рядом с *чем***) Fill in the blanks with the appropriate prepositional phrase.

напротив рядом с

1. Библиотека находится ______________ университетским бассейном.
2. Университетский бассейн находится ______________ нового кинотеатра.
3. Новый кинотеатр находится ______________ этого бассейна.
4. ГУМ находится ______________ Кремля.
5. Кремль находится ______________ Красной площадью.
6. Гостиница находится ______________ этой станцией метро.
7. Книжный магазин находится ______________ нашего общежития.
8. Галерея находится ______________ этим красивым зданием.
9. Остановка автобуса находится ______________ почты.
10. Ботанический сад находится ______________ библиотекой.

Имя и фамилия ______________________________

5. (2.3 - **рядом с чем** - instrumental case, singular) Complete the following sentences with the indicated words, in the instrumental case.

1. Наш новый кинотеатр находится рядом с (новый бассейн)

______________________________.

2. Хорошее кафе находится рядом с (Ботанический сад)

______________________________.

3. Большая гостиница находится рядом с (Русский музей)

______________________________.

4. Красная площадь находится рядом с (Кремль)

______________________________.

5. Этот большой парк находится рядом с (наше новое общежитие)

______________________________.

6. Станция метро находится рядом с (это красивое здание)

______________________________.

7. Маленькое общежитие находится рядом с (хорошее кафе)

______________________________.

8. Наш кинотеатр находится рядом с (большая новая почта)

______________________________.

9. Книжный рынок находится рядом с (эта новая больница)

______________________________.

10. Книжный магазин находится рядом с (Центральная площадь)

______________________________.

11. Школа находится рядом с (новый магазин)

______________________________.

12. Стоянка такси находится рядом с (эта гостиница)

______________________________.

13. Кинотеатр находится рядом с (это большое здание)

______________________________.

6. (2.4 - Asking directions) What would you say to find out how to get to the following places in Moscow? Remember to pay attention to which nouns take **в**, and which take **на.**

библиотека ⇨ *Скажите, пожалуйста, как попасть в библиотеку?*

1. почта

____

2. кинотеатр «Россия»

____

3. Парк культуры

____

4. Красная площадь

____

5. проспект Вернадского

____

6. МГУ

____

7. ресторан «Арагви»

____

8. гостиница «Космос»

____

9. станция метро «Юго-западная»

____

10. Третьяковская галерея

____

Имя и фамилия ______________________________

7. (2.6 **ходить~идти, ездить~ехать**) Fill in the blanks with the needed verb.

   1. Катя сейчас ______________________ на занятия пешком.
   2. Куда ты сейчас ______________________ на машине?
   3. Володя редко ______________________ в кино.
   4. Ты часто ______________________ на работу на машине?
   5. Я редко ______________________ в университет на метро.
   6. — Здравствуй, Коля! Куда ты ______________________?
   7. Максим сейчас ______________________ домой на автобусе.
   8. Ксения сейчас ______________________ в библиотеку на мотоцикле.
   9. Вы всегда ______________________ на работу пешком?
   10. Мы обычно ______________________ на занятия на велосипеде.

8. (2.5-6 Getting around town) Write 8 sentences indicating how various people get around town, by combining elements from the columns below. (Note that you are using round-trip verbs.) Supply the needed prepositions, make the verbs agree with their grammatical subjects, and put the nouns in the correct case.

я		работа	автобус
мой брат / моя сестра		кино	машина
наши родители		занятия	метро
дети	ездить	университет	велосипед
москвичи	ходить	столовая	мотоцикл
люди в Нью-Йорке		библиотека	пешком
русские студенты		центр	такси
американские студенты		магазин	трамвай

1. ______________________________
2. ______________________________
3. ______________________________
4. ______________________________
5. ______________________________
6. ______________________________
7. ______________________________
8. ______________________________

9. (2.5-6 Getting around town) Answer the following questions in complete sentences. Note: **никуда не** + verb = (to) nowhere.

1. Как вы обычно ездите на занятия?

____

2. А как другие студенты ездят на занятия?

____

3. Как ваши родители ездят на работу?

____

4. Куда вы обычно ходите в пятницу вечером?

____

5. Вы туда ездите на машине?

____

6. В вашем городе есть метро? Куда вы ездите на метро?

____

7. Куда вы ездите на автобусе?

____

8. У вас есть велосипед? Куда вы ездите на велосипеде?

____

9. Куда обычно ездит отдыхать ваша семья?

____

10. Вы туда ездили в прошлом году*?

____

* в прошлом году = last year

10. (2.6 - going) Fill in the blanks with the needed verb.

а. — Наташа _______________ в Псков на прошлой неделе?

— Да. Она часто туда _______________. Её родители там живут. Она _______________ опять завтра.

— Она обычно _______________ на поезде?

— Да, обычно. Но сегодня она _______________ на автобусе.

б. — Ты сейчас _______________ на занятия?

— Я не _______________ на занятия в пятницу.

— А ты вчера _______________ на занятия?

— Да. В 8 часов я _______________ на занятия. Потом я _______________ в библиотеку. После этого я _______________ в магазин. Потом я _______________ домой.

Имя и фамилия ______________________________

11. (2.7 - Imperative) Rephrase the following commands in the imperative.

Вам надо прочитать эту книгу. ⇨ *Прочитайте эту книгу.*

1. Вам надо сделать работу.

____

2. Вам надо прослушать кассету.

____

3. Вам надо заниматься сегодня вечером.

____

4. Вам надо ответить на письмо.

____

5. Вам надо приготовить ужин.

____

6. Вам надо посмотреть передачу в семь часов.

____

7. Вам надо рассказать о семье.

____

8. Вам надо купить хороший словарь.

____

9. Вам надо поехать в Нью-Йорк.

____

10. Вам надо выйти через одну остановку.

____

12. (2.7 - Imperative) Rephrase the following commands in the imperative. Note the use of perfective verbs for positive commands and imperfective verbs for negative commands.

Вам не надо слушать музыку. ⇨ *Не слушайте музыку.*

Тебе надо заплатить за кассету. ⇨ *Заплати за кассету.*

1. Вам надо передать билет.

____

2. Тебе не надо показывать документы.

____

3. Тебе надо показать документы.

____

4. Вам надо спросить, когда будет контрольная.

____

5. Вам надо посоветовать ему, что делать.

____

6. Вам не надо платить за билеты.

____

7. Тебе надо всегда говорить по-русски.

____

8. Вам не надо отвечать на эту телеграмму.

____

9. Тебе не надо советовать Борису.

____

10. Вам надо прочитать «Анну Каренину».

____

13. (2.7 - Imperative) You and Ivan completely disagree about what your friend Katya should do. Whatever Ivan tells her to do, you tell her not to do. Use imperfective verbs for the negative commands.

Прочитай седьмой урок. ⇨ *Не читай седьмой урок.*

1. Покажи фотографии.

____

2. Сделай эту работу сейчас.

____

3. Ответь на письма завтра.

____

4. Расскажи об университете.

____

5. Посмотри новости сегодня вечером.

____

6. Закажи столик в ресторане.

____

7. Купи билет на концерт.

____

8. Спроси Максима о семье.

____

9. Дай преподавателю эту работу.

____

10. Напиши письмо маме.

____

14. Answer the following questions about your city.

1. В каком штате находится ваш город?

____

2. Он находится на юге этого штата?

____

3. В вашем городе есть метро?

____

4. Какие виды транспорта есть в этом городе?

____

5. У вас в городе есть университет? Какой?

____

6. Какие у вас библиотеки?

____

7. Что ещё есть в вашем городе?

____

8. Какие люди живут в вашем городе?

____

9. Что вы особенно любите в этом городе?

____

10. Вы всегда жили в этом городе? Если нет, где вы жили раньше?

____

15. A short composition on your city has been begun for you. Fill in the blanks in the first sentences, and write three additional sentences to conclude the composition. Some words that you might find useful for your composition are in the box.

большой / маленький   интересный / неинтересный
на севере, на юге, на востоке, на западе, в центре
слева от, справа от, напротив, рядом с

Наш город очень ______________________ и ______________________.

В нашем городе есть больш_____ ______________________, нов_____

______________________, и очень хорош_____ ______________________.

В центре города стоят ______________________ и ______________________

____

____

____

____

____

____

____

____

____

ПОГОДА И ПУТЕШЕСТВИЯ

ЧИСЛИТЕЛЬНЫЕ

NUMBERS IN GENITIVE

A. In most radio/television reports numbers are heard in the genitive case after expressions such as **о́коло** "around," **вы́ше** "more than," and **ни́же** "lower than." Listen to these numbers, paying attention to the effects of stress changes on vowel reduction.

о́коло 0
вы́ше 1
ни́же 2
от 3 до 4
около 5
от 6 до 7
вы́ше 8
ни́же 9
о́коло 10

вы́ше 11
ни́же 12
от 13 до 14
о́коло 15
от 16 до 17
вы́ше 18
ни́же 19
о́коло 20

вы́ше 21
ни́же 24
от 28 до 29
о́коло 30
от 31 до 33
вы́ше 35
ни́же 38
о́коло 40

B. Now fill in the blanks with the numbers you hear.

1. Вы́ше __________ гра́дусов
2. Ни́же __________ гра́дусов
3. Около __________ гра́дусов
4. От ________ до ________ гра́дусов
5. От ________ до ________ гра́дусов
6. Вы́ше __________ гра́дусов
7. Около _________ гра́дусов
8. Около _________ гра́дусов
9. От ___________ до ___________ **гра́дусов**
10. Ни́же ____________ гра́дусов

Имя и фамилия ___________________________

NUMBERS IN NOMINATIVE

In order that you not forget the nominative case numbers that you already know, here are four telephone numbers for you to write down.

Ди́ма ____________________ Ната́ша ____________________

Ле́на ____________________ Юра ____________________

ФОНЕТИКА И ИНТОНАЦИЯ

ИНТОНАЦИЯ: IC-6

IC-6 FOR NON-FINAL SYNTAGMAS (BREATH GROUPS FOLLOWED BY A PAUSE)

Earlier you saw that pauses are signaled by IC-3 on the syntagma before the pause:

3 3 3 1

Мы поéдем в Москвý,| в Екатеринбýрг,| в Сóчи | и в Иркýтск.

IC-6 can also be used to signal pauses. Note that IC-6 is characterized by a sharp rise on the stressed syllable, followed by a level high tone.

6 6 6 1

Мы поéдем в Москвý, в Сóчи, в Екатеринбýрг и в Иркýтск

A. Determine which pausing syntagmas are said with IC-6 and which IC-3. Both are permissible.

1. Вот я взял футбóлки, | брю́ки,| свитер ... (1)
2. Если ты возьмёшь тёплую кýртку, | тебé хóлодно не бýдет. (1)
3. Когдá бýдет теплó, | мы пойдём на пляж. (1)

IC-6 IN EXCLAMATIONS

You learned previously that exclamations can be marked by IC-5.

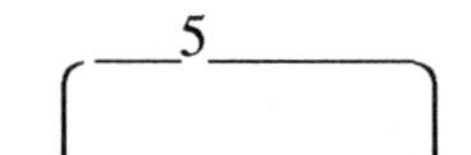

Какáя хорóшая погóда!

Just as common in these situations is IC-6:

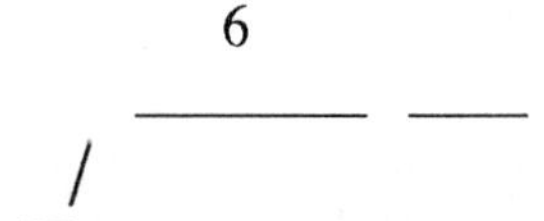

Какáя хорóшая погóда!

B. Determine whether in the following exclamatory syntagmas you hear IC-5 or IC-6. Both are permissible.

1. Как интерéсно!
2. Какáя хорóшая погóда!
3. Как сегóдня теплó!
4. В какúе интерéсные местá мы съéздим!

C. General review of intonation segments. Review **диалог 5**, printed below. It has been divided up into syntagmas.Mark the intonation pattern you expect to hear for each.Then listen to determine if you were correct.

— Вот.| Чемодáн готóв. | Вот я взял футбóлки,| брю́ки,| свúтер ...

— А плáвки?

— Плáвки? | Неужéли бýдем купáться?

— Конéчно! | В Сóчи в сентябрé | ещё теплó.

— И купáться мóжно? | Как здóрово! | А в какúе ещё местá мы съéздим?

— Мóжет быть, мы ещё в гóры поéдем.| А в горáх действúтельно хóлодно.

— И снег бýдет? | Мóжет быть, стóит взять сапогú?

— Нет,| что ты! | У нас в горáх в сентябрé | хóлодно тóлько нóчью.

— Тогдá я возьмý пальтó.

— Я дýмаю, что éсли ты возьмёшь тёплую кýртку, | тебé хóлодно не бýдет.

— Хорошó. | Я всё пóнял.

WORD-FINAL HARD CONSONANTS + И

Look at the phrases

WE READ	*WE SAY*
в ию́не	[в ы]ю́не
в ию́ле	[в ы]ю́ле
в инстину́те	[в ы]нститу́те
он и она	[он ы] она́
тут и там	[тут ы] там
там и тут	[там ы] тут

In each of the phrases above, the first word ended in a hard consonant (that is a consonant plus ∅.) You already know that the sound represented by **и** occurs only after soft consonants. For that reason, we write **и**, but pronounce **[ы]** instead.

Listen to the tape and repeat each of the phrases above until you are satisfied that your pronunciation is accurate.

Имя и фамилия ______________________________

УСТНЫЕ УПРАЖНЕНИЯ

Oral Drill 1 — (3.1 - Today's weather - adverbs vs. adjectives) Agree with what the speaker says about the weather.

— Хóлодно! ⇨ ***— Да, погóда óчень холóдная !***

тепл́о, хóлодно, прия́тно прохлáдно, жáрко

Oral Drill 2 — (3.1 - Weather - **так** vs. **такáя**) Rephrase the statement, using **так** or **такáя.**

Погóда холóдная. ⇨ ***Погóда такáя холóдная!***
Хóлодно. ⇨ ***Так хóлодно!***

Погóда жáркая.
Погóда чудéсная.
Хóлодно.
Погóда тёплая.
Теплó.
Погóда холóдная.
Жáрко.

Oral Drill 3 — (3.1 and 3.2 - Celsius temperatures and weather) When you hear what temperature is predicted, say that you didn't know it would be hot, warm, cool, or cold.

— Говоря́т, что сегóдня бу́дет 30 грáдусов! ⇨
— Мы не знáли, что сегóдня бу́дет так жáрко!

— Говоря́т, что сегóдня бу́дет 20 грáдусов! ⇨
— Мы не знáли, что сегóдня бу́дет так теплó!

Говоря́т, что сегóдня бу́дет...
10 грáдусов, 40 грáдусов,
32 грáдуса, 13 грáдусов,
10 грáдусов морóза,
5 грáдусов морóза,
22 грáдуса, 28 грáдусов,
8 грáдусов.

Oral Drill 4 — (3.2 - Yesterday's weather) When your friend tells you how he felt, indicate that's what the weather was like yesterday.

— Мне бы́ло хóлодно! ⇨ ***— Да, вчерá былá холóдная погóда!***

Мне бы́ло...
прохлáдно, жáрко, теплó, хóлодно

Oral Drill 5 — (3.2 - Yesterday's weather) Your friend makes statements about today's weather. Indicate that yesterday the weather was the same.

— Сего́дня жа́рко. ⇨ ***— Вчера́ то́же бы́ло жа́рко.***
— Пого́да сего́дня тёплая. ⇨ ***— Пого́да вчера́ то́же была́ тёплая.***
— Сего́дня идёт дождь. ⇨ ***— Вчера́ то́же шёл дождь.***

Сего́дня тепло́.
Пого́да сего́дня холо́дная.
Сего́дня идёт снег.
Сего́дня прохла́дно.
Сего́дня хо́лодно.
Пого́да сего́дня прохла́дная.
Пого́да сего́дня жа́ркая.
Сего́дня жа́рко.
Сего́дня идёт дождь.

Oral Drill 6 — (3.2 - Tomorrow's weather) When you hear what today's weather is like, say that tomorrow's will be the same.

— Сего́дня жа́рко. ⇨ ***— И за́втра бу́дет жа́рко.***
— Сего́дня тепло́. ⇨ ***— И за́втра бу́дет тепло́.***

Сего́дня хо́лодно.
Сего́дня идёт дождь.
Сего́дня тепло́.
Сего́дня идёт снег.
Сего́дня прохла́дно.
Сего́дня так жа́рко.

Oral Drill 7 — (3.3 - How people feel) Your friends characterize the day. Ask if they really feel that way.

— Како́й холо́дный день! ⇨ ***— Неуже́ли вам хо́лодно?***
— Како́й плохо́й день! ⇨ ***— Неуже́ли вам пло́хо?***

Како́й ... день!
жа́ркий, тёплый,
холо́дный, хоро́ший,
весёлый, плохо́й,
гру́стный, прохла́дный

Oral Drill 8 — (3.3 - How people felt) Ask if your friend felt as good (or as bad) as his characterization of the day yesterday.

— Вчера́ был плохо́й день! ⇨ ***— Тебе́ бы́ло пло́хо?***

холо́дный, тёплый, хоро́ший, прохла́дный,
тёплый, плохо́й, весёлый, тру́дный,
гру́стный

Oral Drill 9 — (3.4 - Seasons and weather) Practice the names of the seasons by responding "yes" to the questions about weather.

— Зимо́й быва́ет хо́лодно? ⇨ ***— Да, у нас холо́дная зима́.***
— Весно́й быва́ет тепло́? ⇨ ***— Да, у нас тёплая весна́.***

Осенью быва́ет прохла́дно?
Зимо́й быва́ет хо́лодно?
Весно́й быва́ет тепло́?
Ле́том быва́ет жа́рко?

Oral Drill 10 — (3.4 - Seasons and weather) Answer the questions, matching up the weather or activity mentioned with the appropriate season.

— Когда́ быва́ет хо́лодно? ⇨ ***— Холо́дная пого́да быва́ет зимо́й.***
— Когда́ быва́ет тепло́? ⇨ ***— Тёплая пого́да быва́ет весно́й.***

Когда́ быва́ет жа́рко?
Когда́ быва́ет прохла́дно?
Когда́ мо́жно загора́ть?
Когда́ мо́жно ката́ться на лы́жах?
Когда́ мо́жно купа́ться?
Когда́ быва́ет тепло́?
Когда́ не рабо́тают шко́лы?

Oral Drill 11 — (3.5 - Months) You are in a new climate. Ask what weather to expect in each of the months mentioned.

— Уже́ янва́рь! ⇨ ***— Кака́я пого́да быва́ет здесь в январе́?***

Уже февра́ль, а́вгуст,
сентя́брь, дека́брь,
апре́ль, ию́ль, октя́брь,
март, май, ию́нь, янва́рь,
ноя́брь

Oral Drill 12 — (3.6 - Invitations) Suggest to a good friend that you do the activity indicated.

Поéхать на дачу ⇨ ***Давáй поéдем на дáчу!***
Встрéтиться чéрез час ⇨ ***Давáй встрéтимся через час!***

пойтú в кинó
посмотрéть телевúзор
поговорúть о полúтике
поéхать в Москвý
купúть билéты в Москвý
встрéтиться на вокзáле
поéхать на дáчу

Oral Drill 13 — (3.6 - Invitations) Suggest that you not do whatever it is your friend invites you to do.

— Давáй посмóтрим фильм. ⇨ ***— Давáй не бýдем смотрéть фильм.***

Давáй...
поговорúм по-францýзски
прочитáем журнáл
спрóсим преподавáтеля о полúтике
кýпим нóвые тýфли
поýжинаем на дáче
встрéтимся в общежúтии
поýжинаем в столóвой

Oral Drill 14 — (3.6 - Invitations) You are in Moscow. Invite the following people to visit you. Use **приезжáй(те)** for people who are coming from another city, and **приходú(те)** for people who are already in Moscow. Pay attention to **ты** and **вы** forms.

Мáша в Москвé. ⇨ ***Приходú к нам!***
Васúлий Сергéевич в Сóчи. ⇨ ***Приезжáйте к нам!***

Лáра в Петербýрге.
Сóфья Петрóвна в Москвé.
Вадúм и Олéг в Одéссе.
Сúма в Кúеве.
Аля и Валентúна в Ярослáвле.
Сáша в Москвé.

Oral Drill 15 — (3.7 - **к комý**) Say you went to see these people.

Ларúса ⇨ ***Мы ходúли к Ларúсе.***

Максúм, родúтели, ты, вы, он,
онá, онú, Сóня, Марúя, мать, Вадúм

Oral Drill 16 — (3.8 - **ли**) An inquisitive reporter is trying to find out information about your neighbor Sonya. To protect her privacy, indicate that you do not know the answers to the questions asked.

— Где живёт Со́ня? ⇨ *— Я не зна́ю, где живёт Со́ня.*
— Она́ зна́ет францу́зский язы́к? ⇨ *— Я не зна́ю, зна́ет ли она́ францу́зский язы́к.*

Она́ за́втра бу́дет на вокза́ле?
У неё есть слова́рь?
Когда́ она́ едет на да́чу?
Со́ня говори́т по-ру́сски?
Она́ лю́бит купа́ться?
Ле́том она́ загора́ет?
А зимо́й она́ ката́ется на лы́жах?
Как она́ отдыха́ет весно́й?
Со́ня пи́шет рома́н?
Каку́ю газе́ту она́ чита́ет?
Она́ лю́бит на́шу газе́ту?

ПИСЬМЕННЫЕ УПРАЖНЕНИЯ

1. (The Celsius Scale) Write in the Celsius temperature at which it would be appropriate to wear the following clothing items.

-10 10 15 25

_____ тёплый свитер

_____ зимнее пальто

_____ шорты

_____ лёгкий свитер

2. (**градус, -а, -ов**) Write in the correct form of the word **градус** in the following passage, and write in a sentence at the end to answer the question.

В Москве зимой бывает очень холодно. Часто бывает 5 — 20 ________________________ мороза, и иногда бывает даже минус 40 ________________________. Минус 5 ________________________ по Цельсию, как вы, наверное, знаете, это 23 ________________________ по Фаренгейту. Весной погода бывает тёплая: 10 — 15 ________________________ Летом тепло или жарко — температура у нас бывает 20 — 30 ________________________. Осень начинается рано. Уже в сентябре бывают холодные дни: 5 — 7 ________________________. Сегодня у нас 21 ________________________. Какая температура у вас сегодня?

____

Имя и фамилия ____________________

3. (weather - personalized) Complete the following sentences, indicating what you like to do in various kinds of weather. You may use the verbs in the box if you wish.

купаться — загорать — кататься на велосипеде — кататься на лыжах смотреть телевизор — читать дома — играть в гольф

Когда холодно, я люблю ____________________

Когда прохладно, я люблю ____________________

Когда идёт дождь, я люблю ____________________

Когда идёт снег, я люблю ____________________

Когда тепло, я люблю ____________________

Когда жарко, я люблю ____________________

4. (3.1 - weather - adverbs vs. adjectives) Fill in the blanks with the appropriate word. Answer the question at the end.

1. В Москве зимой бывает очень __холодно__ и часто идёт снег.
   (холодно/холодная)

2. В Санкт-Петербурге тоже бывает __холодная__ погода зимой.
   (холодно/холодная)

3. В Крыму редко бывает __холодно__. Даже зимой
   (холодно/холодная)
   там ____________________.
   (тепло/тёплая)

4. Погода весной в Москве и Санкт-Петербурге довольно __тёплая__.
   (тепло/тёплая)
   Температура бывает 15-20 градусов.

5. Летом, когда __жарко__, все любят купаться и загорать.
   (жарко/жаркая)

6. В Москве осень начинается рано. Уже в сентябре бывает __прохладно__.
   (прохладно/прохладная)

7. Когда погода __прохладная__, люди ходят в свитерах
   (прохладно/прохладная)
   или в куртках.

8. Когда погода очень __холодная__, все начинают думать о зиме.
   (холодно/холодная)

9 Какая у вас бывает погода осенью? ____________________

____

5. (3.1 - **так** vs. **такой**) Fill in each blank with **так** or the correct form of **такой**. If you select the adjectival form, remember to make it agree with its noun.

1. Сегодня ___так___ холодно!
2. Погода сегодня ___такая___ холодная!
3. Вчера тоже было ___так___ холодно!
4. Погода вчера была ______ холодная!
5. В июне у нас было ______ жарко!
6. В августе тоже стояла ______ погода.
7. Осенью обычно не ______ тепло, как весной.
8. Весной в Москве не ______ тепло, как в Одессе.
9. Погода в Москве не ______ приятная, как в Крыму.
10. Климат в Санкт-Петербурге не ___такой___ приятный, как в Одессе.

6. (3.2 - weather - past) People from all over the world have arrived in St. Petersburg for a conference on a gorgeous spring day. Here is what they say about the weather in their own homes the day before. Fill in the blanks with the correct verb.

было — была

1. Карлос: У нас вчера погода ______ прохладная.
2. Джейн: Погода у нас вчера ______ тёплая.
3. Франц: У нас вчера тоже ______ тепло.
4. Хосе: У нас вчера погода ______ жаркая.
5. Алиса: А у нас ______ довольно холодно.
6. Вольфганг: У нас ______ прекрасная погода.
7. Абубакер: У нас тоже ______ чудесно.
8. Хельга: А у нас погода ______ неприятная. ______ очень холодно и шёл снег.
9. Йоко: У нас ______ прохладно.
10. You: У нас вчера ______.

______

7. (3.2 - weather - future) Indicate that tomorrow's weather will be the opposite of yesterday's.

Examples:

Вчера было холодно, а завтра *будет жарко*

Вчера шёл снег, а завтра *не будет идти снег*

1. Вчера погода была прохладная, а завтра ______________________________
______________________________.

2. Вчера погода была жаркая, а завтра ______________________________
______________________________.

3. Вчера шёл дождь, а завтра ______________________________
______________________________.

4. Вчера не шёл снег, а завтра ______________________________
______________________________.

5. Вчера было жарко, а завтра ______________________________
______________________________.

6. Вчера было прохладно, а завтра ______________________________
______________________________.

7. Вчера погода была солнечная, а завтра______________________________
______________________________.

8. Вчера не шёл дождь, а завтра ______________________________
______________________________.

9. Вчера было тепло, а завтра ______________________________
______________________________.

10. У нас вчера ______________________________, а завтра
____

8. (3.3 - how people feel) Make logical sentences by filling in the blanks with words from the boxes.

холодно — прохладно — тепло — жарко

1. В комнате 20 градусов. Нам ______________________________
2. На улице 5 градусов мороза. На улице нам было ______________________________
3. Вчера Анна брала с собой свитер, потому что ей было ______________________________
4. Иван брал с собой пальто, потому что ему было ______________________________
5. Летом было 35 градусов. Всем было ______________________________

хорошо - плохо

6. Вчера Алла не ходила на лекции, потому что ей было ______________________________

   Но сегодня ей ______________________________, и она идёт на все занятия.

скучно - интересно

7. Мне ______________________________ смотреть телевизор.
8. Мне ______________________________ слушать лекции по математике.
9. Моей матери ______________________________ смотреть американский футбол.
10. Мне ______________________________ читать о России.

весело - грустно

11. Мне ______________________________, когда я смотрю грустный фильм.
12. Мне ______________________________, когда я смотрю комедию.

трудно - легко

13. Мне ______________________________ говорить по-русски.
14. Мне ______________________________ понимать по-английски.
15. Мне ______________________________ писать это упражнение.

Имя и фамилия ______________________________

9. (3.3 - how people feel) Anna and Ivan never agree. Fill in the blanks with the needed verb. If no verb is needed, write a dash.

было — ∅ — будет

1. Анна и Иван изучают французский язык. Ивану ____________ трудно говорить по-французски, а Анне ____________ довольно легко. Но Иван очень хорошо понимает по-французски.
2. Вчера Анна и Ваня слушали лекцию по французской истории. Анне ___было___ скучно, а Ивану ___было___ интересно.
3. После лекции они пошли в кино. Они смотрели сложный французский фильм. После фильма Анне ___было___ грустно, а Ивану ___было___ весело.
4. Завтра Анна и Иван едут в Москву, где температура сейчас 5-7 градусов. Анна возьмёт куртку — ей ___будет___ тепло. Иван возьмёт только лёгкий свитер — ему ___будет___ холодно.
5. Москва очень интересный город, и им там ____________ очень весело.

10. (3.3 - how people feel) Translate the following short conversation between Natalia Ivanovna and her American visitor.

"Did you have a good time at the museum?"

____

"It was interesting to me, but I think that Anna was bored. Or maybe Anna didn't feel good."

Мне было инт—о, но я думаю, что Анне было скучно. Или Анне было плохо.

"Was it cold in the museum?"

Тебе было холодно в музей.

"We were cool."

Вам было холодно

"Was it easy for you to understand the lecture?"

Тебе было легко понят— лекц—

"It was easy for Anna to understand, but it was hard for me."

Анне было легко понят—, но мне было трудно

____

11. (3.4 seasons) Write a paragraph about the weather in your town. Mention all four seasons.

____

____

____

____

____

____

____

12. (3.5 - months) Fill in the blanks with the correct forms of the indicated month. Use prepositions where necessary.

1. Марк очень любит январь, потому что _______________________ его день рождения.
2. Анна очень любит _____________________________________, потому что в феврале родилась её дочь.
3. Кирилл очень любит _____________________________________, потому что в марте наступает весна.
4. Марина очень любит апрель, потому что _____________________________________ погода бывает тёплая.
5. Виктор очень любит май, потому что он родился _____________________________
6. Ученики очень любят июнь, потому что _____________________________________ кончается учебный год.
7. Вадим и Маша очень любят _____________________________________, потому что в июле родился их сын.
8. Алла очень любит август, потому что _____________________________________ можно купаться и загорать.
9. Линда не любит сентябрь, потому что _____________________________________ начинается учебный год.
10. Американские дети очень любят _______________________________, потому что 31 октября — американский праздник.
11. Вася очень любит ноябрь, потому что _______________________________ идёт снег.
12. Наташа очень любит декабрь, потому что _____________________________________ можно кататься на лыжах.
13. Я очень люблю ____, потому что ____.
14. Ещё я люблю ____, потому что ____

13. (3.6 - invitations) Read through the following invitations.

- Put a check next to the invitations that are in the imperfective. Explain why the imperfective was used.
- Underline the invitations that are made in the formal or plural **(вы)** form.

_____ 1. Давай поедем на дачу.

_____ 2. Давайте встретимся через час.

_____ 3. Давай будем всегда говорить по-русски.

_____ 4. Давай не будем смотреть телевизор.

_____ 5. Давайте посмотрим новости.

_____ 6. Давайте покажем фотографии.

_____ 7. Давай купим новый телевизор.

_____ 8. Давайте будем читать больше.

_____ 9. Давайте поговорим.

_____ 10. Давай не будем говорить об этом.

_____ 11. Приходите к нам в субботу.

_____ 12. Приезжай к нам зимой.

_____ 12. Приезжайте к нам в июне.

_____ 14. Приходи к нам завтра.

14. (3.6 - invitations) Natasha always suggests something else when she is invited to do something. How would she respond to the following invitations? The activities Natasha wants to do are given in parentheses.

(пойти на фильм) — Наташа, давай посмотрим передачу!

– Давай лучше пойдем на фильм!

1. (поговорить) — Наташа, давай почитаем книгу!

____

2. (поехать на дачу) — Наташа, давай пойдём в кино!

____

3. (приготовить пиццу) — Наташа, давай пообедаем в кафе!

____

4. (сделать это завтра) — Наташа, давай напишем письма!

____

5. (позвонить Вадиму) — Наташа, давай пойдём к Вадиму!

____

6. (встретиться в три часа) — Наташа, давай встретимся через час!

____

7. (послушать новости по радио) — Наташа, давай прочитаем газету.

____

8. (заказать стол в ресторане в пятницу) — Наташа, давай пойдём на балет в пятницу!

____

9. (взять такси) — Наташа, давай пойдём в ресторан пешком.

____

10. (купить билеты сейчас) — Наташа, давай закажем билеты в кино.

____

Имя и фамилия ________________________________

15. (3.7 **к кому**) Make 10 sentences from the elements below.

я	сейчас	ходить	к	я
мы	завтра	идти		ты
ты	вчера	пойти		мы
вы	часто			вы
наши друзья	редко			наши друзья
соседка по комнате				врач
сосед по комнате				преподаватель

1. ________________________________
2. ________________________________
3. ________________________________
4. ________________________________
5. ________________________________
6. ________________________________
7. ________________________________
8. ________________________________
9. ________________________________
10. ________________________________

16. (3.8 - **ли**) While making last minute arrangements for your trip to Moscow, you call the Russian friends you'll be visiting. How would you tell them you called because you wanted to get answers to the following questions?

образец:

У вас есть вся информация о моём приезде?

Я хотел(а) узнать, есть ли у вас вся информация о моем приезде.

1. Вы получили моё письмо?

____

____

2. Мы поедем на дачу, когда я буду в Москве?

____

____

3. Нужно взять зонт?

____

____

4. Какая сейчас погода у вас?

____

____

5. Вы будете на вокзале, когда я приеду?

____

____

17. (3.9 **если** vs **ли**) Render the following sentences into Russian.

1. I don't know if Tanya knows Vadim. If she knows him, she probably also knows his brother.

____

____

____

2. "If you want, let's go to the new cafe." "I don't know if it will be interesting there."

____

____

____

3. If it's cold tomorrow, Sasha will go to work on the bus. Have you heard if it will be cold?

____

____

____

18. (3.10 - tense in sentences with **если** and **когда**) Imagine that you are going to Moscow next Sunday. Your schedule will depend a lot on the weather. Translate the following sentences about your plans into Russian. Be sure to use future tense in the **когда** and **если** clauses.

1. I will arrive in Moscow on Sunday.

    ____

2. If the weather is good, let's go to the dacha.

    ____

    ____

3. While we're at the dacha, we'll relax and sunbathe.

    ____

    ____

4. If it's raining on Sunday, we'll go to the museum.

    ____

    ____

5. If it isn't interesting there, then let's go to the movies.

    ____

    ____

19. (3.10 - tense in sentences with **если** and **когда** - personalized) Write a short letter to your Russian friends Natasha and Vadim inviting them to visit you in the spring. Tell them two or three things you will do if the weather is good, and two or three things you will do if the weather is bad

____

____

____

____

____

____

____

____

____

____

____

____

____

20. (review of prepositional case) Read the following short passage. Underline once all the words in the prepositional singular. Underline twice all the words in the prepositional plural. Be prepared to explain why these words are in the prepositional case.

Ванесса первый раз в России. Она учится в небольшом институте в Москве уже три месяца. Хотя она живёт в общежитии в Москве, она уже съездила в разные города. В каких городах она была? В сентябре она была в красивых старинных городах Суздале и Владимире. В октябре она ездила в Санкт-Петербург. А в декабре Ванесса была в Казани, в Татарии. Она много читала и слышала об этом городе и очень хотела его посмотреть. Когда она приедет домой в феврале, она обязательно расскажет маме и папе обо всех этих интересных и красивых городах.

КИНО И ТЕЛЕВИДЕНИЕ

ЧИСЛИТЕЛЬНЫЕ

A. You call up the following movie houses. Listen to the recordings and write down at least two evening showings that you could see. Get as much information about the film(s) as possible:

«Прага»

«Прометей»:

«Звезда»:

«Европа»

B. Now listen to the weather forecasts, paying special attention to the temperature. Fill in the chart, indicating what you would have to wear for each of the times given:

Today	Tonight	Tomorrow afternoon	Tomorrow evening

Имя и фамилия ______________________________

ФОНЕТИКА И ИНТОНАЦИЯ

Look at dialog 1 as divided into syntagmas. Try to predict the intonation contour for each syntagma. Then listen to the dialog again to see if you were correct.

— Дже́ссика, | каки́е фи́льмы тебе́ нра́вятся?

— Бо́льше всего́ мне нра́вятся коме́дии.

— Ты зна́ешь, | сейча́с идёт дово́льно интере́сный фильм.

— Пра́вда? | А как он называ́ется?

— «Го́род Зеро́». | Ты его́ смотре́ла?

— Нет, | не смотре́ла. | Что э́то за фильм?

— Ну, э́то не совсе́м коме́дия. | Скоре́е всего́, | э́то паро́дия.

— Тогда́ это наве́рное серьёзнее, чем про́сто коме́дия.

— Да, э́то сло́жный фильм. | Но мне ка́жется, | что ты его́ поймёшь.

— Хорошо́. | Когда́ начина́ется сеа́нс?

— Сейча́с позвоню́, | узна́ю.

УСТНЫЕ УПРАЖНЕНИЯ

Oral Drill 1 — (4.1 **нра́виться**) Say that you like the following things. The difference in pronunciation between **нра́вится** and **нра́вятся** is so slight that you may not hear it. Remember to make **э́тот, э́та, э́то,** or **э́ти** agree with the following noun.

Фильм ⇨ ***Мне нра́вится э́тот фильм.***
Фи́льмы ⇨ ***Мне нра́вятся э́ти фи́льмы.***

кни́га, кни́ги, рома́н, рома́ны, програ́мма, переда́чи, кинотеа́тр, коме́дия

Oral Drill 2 — (4.1 **нра́виться** + dative pronouns) Say that the following people like the movie *Star Wars*. If necessary, review the dative pronouns.

— Анто́ну нра́вится фильм «Звёздные во́йны»? ⇨ ***— Да, он ему́ нра́вится.***
— Вам нра́вится фильм «Звёздные во́йны»? ⇨ ***— Да, он нам нра́вится.***

Ната́ше...
Ка́те и Шу́ре...
Тебе́...
Ива́ну...
Вам...
Ма́тери...
Ми́ше и Та́не...

Oral Drill 3 — (4.1 - **нра́виться** + dative case nouns and adjectives) A group of friends watched a Raikin show last night. Ask whether the following people liked him. If necessary, review dative nouns and adjectives.

Анто́н ⇨ ***Анто́ну понра́вился конце́рт Ра́йкина?***
Ве́ра ⇨ ***Ве́ре понра́вился конце́рт Ра́йкина?***

ваш сосе́д
э́тот студе́нт
ваш преподава́тель
ва́ша сестра́
Анна Алекса́ндровна
Бори́с Серге́евич
Ната́ша и Ваді́м
ва́ша мать
её сестра́
её муж

Oral Drill 4 — (4.1 **нра́виться/по-** in past) Ask your friend whether she liked the following films.

«Кинг Конг» ⇨ ***Тебе́ понра́вился «Кинг Конг»?***
«Звёздные во́йны» ⇨ ***Тебе́ понра́вились «Звёздные во́йны»?***

«Соля́рис»
«Бра́тья Карама́зовы»
«Психо́з»
«Анна Каре́нина»
«Вестса́йдская исто́рия»
«Ро́бин Гуд»
«Коро́ль Лир»
«До́ктор Жива́го»
«Зву́ки му́зыки»
«Спя́щая краса́вица»

Oral Drill 5 — (4.1 **нра́виться/по-** in past) When asked if you have read, seen, or heard something, say you liked it.

— Вы смотре́ли авангáрдный фильм? ⇨ ***— Да, он мне понра́вился.***
— Вы чита́ли но́вую газе́ту? ⇨ ***— Да, она́ мне понра́вилась.***

Вы...
слу́шали конце́рт Ра́йкина?
смотре́ли э́ту програ́мму?
чита́ли э́ти кни́ги?
слу́шали ле́кцию?
смотре́ли э́ту коме́дию?
слу́шали э́того ко́мика?
смотре́ли мультфи́льмы?
ви́дели но́вое общежи́тие?

Oral Drill 6 — (4.2 **нра́виться** and **люби́ть**) When asked if someone liked something, say the person likes them all.

— Вам понра́вился э́тот фильм? ⇨ ***— Я люблю́ все фи́льмы.***
— Ви́ктору понра́вилась но́вая кни́га? ⇨ ***— Он лю́бит все кни́ги.***

Анне понра́вилась э́та газе́та?
Вам понра́вилась но́вая програ́мма?
Анто́ну понра́вился э́тот мультфи́льм?
Ка́те понра́вилась но́вая музыка́льная коме́дия?
Ва́шей ма́тери понра́вился документа́льный фильм?

Oral Drill 7 — (4.3 comparisons) Whatever is said about the new version of a film, say that the old version is even more so.

Но́вый фильм сло́жный. ⇨ ***А ста́рый фильм ещё сложне́е.***
Но́вый фильм интере́сный. ⇨ ***А ста́рый фильм ещё интере́снее.***

Но́вый фильм...
смешно́й, тру́дный, ску́чный,
изве́стный, интере́сный, сло́жный,
краси́вый, поня́тный, серьёзный

Oral Drill 8 — (4.3 comparisons) Claim that what you have is more, following the model.

— Эта кни́га лёгкая. ⇨ ***— А на́ша кни́га ле́гче.***
— Этот рома́н тру́дный. ⇨ ***— А наш рома́н трудне́е.***

Эта кни́га больша́я.
Этот слова́рь ма́ленький.
Этот рома́н дорого́й.
Эта кни́га дешёвая.
Этот фильм коро́ткий.
Этот рома́н дли́нный.
Эта кни́га проста́я.
Этот фильм сло́жный.
Этот университе́т хоро́ший.
Этот курс плохо́й.
Эта кварти́ра бли́зко.
Этот го́род далеко́.
Мой брат ста́рый.
Моя́ сестра́ молода́я.

Имя и фамилия ______________________________

Oral Drill 9 — (4.3 comparisons) Practice opposites by answering "no" to the following questions.

— Этот рома́н трудне́е, чем тот? ⇨ — *Нет, он ле́гче.*
— Ва́ша кни́га сложне́е, чем моя́? ⇨ — *Нет, она́ про́ще.*

Этот слова́рь доро́же, чем тот?
Но́вый фильм лу́чше, чем ста́рый?
Эта студе́нтка моло́же, чем та?
На́ши кни́ги длинне́е, чем ва́ши?
Этот рома́н деше́вле, чем тот?
Наш преподава́тель ста́рше, чем ваш?
Этот курс лу́чше, чем хи́мия?
Их кварти́ра бли́же, чем её?
Эти студе́нты скучне́е, чем те?
Эта газе́та ху́же, чем «Пра́вда»?
Ваш университе́т бо́льше, чем МГУ?
«Анна Каре́нина» коро́че, чем «За́висть»?
Оле́г говори́т быстре́е, чем Эд?

Oral Drill 10 — (4.3 comparisons with **чем**) Agree with the speaker, comparing his speech to yours.

— Я говорю́ бы́стро? ⇨ — *Да, вы говори́те быстре́е, чем я.*

Я говорю́...?
понятно, ме́дленно, бы́стро, про́сто,
хорошо́, пло́хо, мно́го

Oral Drill 11 — (4.3 comparisons with **чем**) Whatever is said about today's weather, say that tomorrow's weather will be even more so.

Сего́дня жа́рко! ⇨ *А за́втра бу́дет ещё жа́рче, чем сего́дня!*
Сего́дня тепло́! ⇨ *А за́втра бу́дет ещё теплее, чем сего́дня!*

Сего́дня...
хо́лодно, прохла́дно, тепло́, жа́рко,
хорошо́, пло́хо

Oral Drill 12 — (4.3 comparisons — opposites) Practice opposites by disagreeing with what is said about the novel.

— По-мо́ему, э́тот рома́н длинне́е, чем тот. ⇨ — *Нет, он гора́здо коро́че.*

По-мо́ему, э́тот рома́н ...,
интере́снее, трудне́е, сложне́е,
лу́чше, деше́вле

Oral Drill 13 — (4.3 comparisons with **гора́здо**) Say that Sasha does everything much more ... than Lara.

Ла́ра о́чень хорошо́ говори́т по-францу́зски. ⇨ ***А Са́ша говори́т гора́здо лу́чше.***
Ла́ра о́чень ча́сто купа́ется. ⇨ ***А Саша купа́ется гора́здо ча́ще.***

Ла́ра о́чень...
много рабо́тает.
ре́дко отдыха́ет.
про́сто говори́т.
ча́сто хо́дит в кино́.
ра́но за́втракает.
по́здно ложи́тся.
хорошо́ понима́ет по-ру́сски.
пло́хо ката́ется на лы́жах.

Oral Drill 14 — (4.4 **открыва́ться, закрыва́ться** - present tense) Ask when the institutions open and close.

Когда́ открыва́ется библиоте́ка?
Шко́ла ⇨ ***Когда́ открыва́ется шко́ла?***
Закрыва́ться ⇨ ***Когда́ закрыва́ется шко́ла?***

музе́й
открыва́ться
рестора́н
кинотеа́тр
по́чта
закрыва́ться
рестора́н

Oral Drill 15 — (4.4 **откры́ться, закры́ться** - future tense) Say what time the institutions will open tomorrow.

Музе́й — 9 ⇨ ***За́втра музе́й откро́ется в де́вять часо́в.***

институ́т — 7
шко́лы — 8
кинотеа́тр — 6
рестора́н и кафе́ — 4

Oral Drill 16 — (4.4 **начина́ться** - present tense) Rephrase the questions to ask when the actions begin.

Когда́ сеа́нс? ⇨ ***Когда́ начина́ется сеа́нс?***
Когда́ преподава́тель расска́зывает о Че́хове? ⇨ ***Когда́ преподава́тель начина́ет расска́зывать о Че́хове?***

Когда́ ле́кция?
Когда́ студе́нты говоря́т о поли́тике?
Когда́ переда́чи о му́зыке?
Когда́ заня́тия?
Когда́ рабо́тают врачи́?
Когда́ но́вая програ́мма?
Когда́ разгово́р об исто́рии?

Oral Drill 17 — (4.4 **нача́ть** without **-ся** - future tense) Say that the action will begin right away.

— Вы сейча́с бу́дете говори́ть о поли́тике? ⇨ ***— Да, сейча́с я начну́ говори́ть о поли́тике.***
— Сейча́с бу́дет переда́ча? ⇨ ***— Да, сейча́с начнётся переда́ча.***

Андре́й сейча́с бу́дет занима́ться?
Профе́ссор сейча́с бу́дет чита́ть ле́кцию?
Сейча́с бу́дет ле́кция?
Сейча́с бу́дет сеа́нс?
Сейча́с мы бу́дем смотре́ть телеви́зор?

Oral Drill 18 — (4.5 - **дать** - future tense) Say that the various people will give their homework to the teacher tomorrow.

Я за́втра ей дам рабо́ту.
Мы ⇨ ***Мы за́втра ей дади́м рабо́ту.***

они́, ты, Серге́й, вы, я, мы, Анна, э́ти студе́нты, я, ты, вы, мы, я

Oral Drill 19 — (new verbs: **боя́ться** and **поня́ть**) Indicate that the following people are afraid they won't understand the film.

Я бою́сь, что я не пойму́ фильм.
Андре́й ⇨ ***Андре́й бои́тся, что он не поймёт фильм.***

они́, ты, Серге́й, вы, я, мы, Анна, э́ти студе́нты, я, ты, вы, мы, я

Имя и фамилия ________________________________

ПИСЬМЕННЫЕ УПРАЖНЕНИЯ

1. (4.1 - **нравиться/по-**) The members of a class were surveyed to find out what films they like. Express the results in sentences, remembering to make the verb agree with the grammatical subject (the film title). The first one is done for you.

    1. Маша — «Кинг Конг»

        Маше нравится «Кинг Конг».

    2. Виктор — «Солярис»

        ____

    3. Татьяна — «Космос» и «Сахаров»

        ____

    4. Мария — «Анна Каренина»

        ____

    5. Соня и Володя — «Микки Маус»

        ____

    6. Иван Борисович — «Братья Карамазовы» и «Звуки музыки»

        ____

    7. Александра Ивановна — «Рэмбо»

        ____

    8. Катя — «Гамлет»

        ____

    9. Вадим — «Моя прекрасная леди»

        ____

    10. Их преподаватель — «Вестсайдская история»

        ____

Underline the names of the movies you have seen. Circle the names of the movies made in the U.S.

2. (4.1 - **нравиться/по-**) Following is a list of writers whose works were included in a Russian literature course. How would you ask a student in the course whether she liked the author(s) in question? Remember to make the verb agree with the grammatical subject.

Достоевский *Вам понравился Достоевский?*

Ахматова *Вам понравилась Ахматова?*

1. Толстой
____
2. Толстая
____
3. Булгаков
____
4. Олеша и Бабель
____
5. Набоков
____
6. Цветаева
____
7. Лермонтов
____
8. Вербицкая
____
9. Гладков
____
10. Петрушевская
____

Underline the names of the authors you have read.

3. (4.2 **нравиться/по-** vs. **любить**) Fill in the blanks in the following sentences with the appropriate verb. Be sure to make the verb agree with its grammatical subject.

Я *люблю* **научную фантастику, но «Солярис» мне не** *понравился*.

1. Вадим ________________________ приключенческие фильмы, но «Робин Гуд» ему не очень ________________________.
2. Мы ________________________ мультфильмы, но «Микки Маус» нам не ________________________.
3. Маша обычно не ________________________ документальные фильмы, но «Сахаров» ей очень ________________________.
4. Жанна и Саша не ________________________ экранизации классической литературы, но фильм «Братья Карамазовы» им ________________________.

Now write a sentence about yourself following the structure used in sentences 1-4.

____

____

____

____

____

4. (4.3 comparisons and weather)

A. Rephrase the following "negative comparisons" to make "positive comparisons," as shown in the model. If necessary, review weather and time expressions in Unit 3.

В июле не так жарко, как в августе.

В августе жарче, чем в июле.

1. Зимой в Петербурге не так холодно, как в Москве.

 ____

2. В Петербурге идёт снег не так часто, как в Москве.

 ____

3. Московское лето не такое влажное, как петербургское.

 ____

4. Летом в Петербурге бывает не так жарко, как в Одессе.

 ____

5. Весной в Петербурге не так тепло, как в Киеве.

 ____

B. Now write some true comparisons between the weather in your hometown and that in Moscow.

6. У нас весной бывает ________________________, чем в Москве.
7. У нас летом идёт дождь ________________________, чем в Москве.
8. У нас осенью обычно ________________________, чем в Москве.
9. У нас зимой ________________________, чем в Москве.
10. Вообще климат у нас ________________________, чем в Москве.

5. (4.3 comparisons) Anna's friend claims that Anna does everything even better than Sasha. What does she say?

Саша быстро читает, а Анна читает *ещё быстрее*.

1. Саша хорошо говорит по-русски, а Анна говорит

   ______________________________.

2. Саша понятно говорит, а Анна говорит

   ______________________________.

3. Саша серьёзно отвечает, а Анна отвечает

   ______________________________.

4. Саша много занимается, а Анна занимается

   ______________________________.

5. Саша часто ходит в библиотеку, а Анна ходит

   ______________________________.

6. Саша интересно рассказывает, а Анна рассказывает

   ______________________________.

7. Саша рано встаёт, а Анна встаёт

   ______________________________.

8. Саша редко забывает о работе, а Анна забывает

   ______________________________.

9. Саша мало смотрит телевизор, а Анна смотрит

   ______________________________.

10. Саша хорошо объясняет, что нужно делать, а Анна объясняет

    ______________________________.

6. (4.3 comparisons with **гораздо**) Sasha's friend claims that Anna does everything much (**гораздо**) worse than Sasha. What does he say?

   1. Саша плохо читает по-английски, а Анна читает ______________________.

   2. Саша поздно делает работу, а Анна делает её ______________________.

   3. Саша очень просто отвечает, а Анна отвечает ______________________.

   4. Саша мало занимается, а Анна занимается ______________________.

   5. Саша редко ходит в библиотеку, а Анна ходит ______________________.

7. (4.3 comparisons — personalized) Compare the items listed in a way that is meaningful to you.

   ***образец:* в августе — в сентябре**

   В августе жарче, чем в сентябре.

   or *В августе я больше отдыхаю, чем в сентябре.*

   1. кино — телевизор

      ____

   2. **русский язык — английский язык**

      ____

   3. **читать романы — слушать концерты**

      ____

   4. **жить в общежитии — жить в квартире**

      ____

   5. мама — папа

      ____

8. (4.3 comparisons - personalized) Use meaningful comparisons to answer the following questions about your family and your activities.

образцы: **Как часто вы смотрите телевизор?**

Я смотрю телевизор чаще, чем слушаю радио.

or *Я слушаю радио реже, чем смотрю телевизор.*

Вы хорошо говорите по-русски?

Я говорю лучше, чем я читаю.

or *Я говорю лучше, чем мой брат.*

or *Я говорю неплохо, но хуже, чем наш преподаватель.*

1. Вы хорошо учитесь?

____

2. Дорого учиться в вашем университете?

____

3. Трудно поступить в этот университет?

____

4. Вы много занимаетесь?

____

5. Вы живёте близко или далеко от университета?

____

6. Ваша комната маленькая?

____

7. Вы часто ходите в кино?

____

8. Билеты в кино в вашем городе дешёвые?

____

9. Ваши родители ещё молодые?

____

10. Вы думаете, что русский язык лёгкий?

____

9. (4.4 - reflexive verbs) Many dormitories in Russia have a curfew. A **дежу́рный** (a non-uniformed security guard) locks the doors late at night. Here's a conversation you might have with the **дежу́рный** if you arrive after hours and find the door locked. Fill in the blanks with the needed verb.

Студент: ________________________________ дверь, пожалуйста!
Open!

Дежурный: Вы что, не видите, сколько сейчас времени?! Уже почти два часа ночи!

Я ________________________________ общежитие в час. Не надо опаздывать!
close

Студент: Я думал, что ообщежитие ________________________ только в два часа.
closes

Дежурный: Хорошо, я вам ________________________________, только больше не
will open

опаздывайте! И не забывайте: общежитие ________________________________ на
closes

ночь в час и ________________________________ только в шесть утра. Ясно?
opens

10. (4.4 - reflexive verbs) You are the guide and translator for an English-speaking musician in Moscow. Here are some of the questions he will have tomorrow. In preparation for your busy day, prepare the Russian equivalents of these questions now.

1. What time does the restaurant in the hotel open?

____

2. What time does the museum open?

____

3. When does it close?

____

4. What time will my concert begin?

____

5. When will it end?

____

6. When will we begin to rehearse (репетировать)?

____

Имя и фамилия ______________________________

11. (4.4 - reflexive verbs - personalized) Answer the questions in complete sentences.

    1. Когда открывается столовая, где вы завтракаете?

    ____

    2. Когда у вас начинается первый урок?

    ____

    3. Во сколько он кончается?

    ____

    4. Когда начинается ваша любимая передача?

    ____

    5. Когда вы начали изучать русский язык?

    ____

12. (4.5 - **дать**) Borya has purchased tickets for everyone, and his friends tell him when they will give him money for them.

    1. Я тебе ______________________________ деньги завтра.
    2. Миша тоже тебе ______________________________ деньги завтра.
    3. Значит, мы тебе ______________________________ деньги завтра.
    4. Энн и Мишель тебе ______________________________ деньги во вторник.
    5. Саша и Шура, когда вы ему ______________________________ деньги?
    6. Максим, когда ты ему ______________________________ деньги?

13. (review of indirect and direct objects)

A. In the following passage, circle the direct objects and underline the indirect objects. Not every sentence has a direct and an indirect object. If English is not your native language, you may wish to skip to Part B.

My friend Alice gave me a new watch. She bought it at a store near my house. When I opened it, I laughed. I had also brought a present for Alice. I bought her the same watch!

B. In the following passage, circle the direct objects and underline the indirect objects.

Андрей подарил Кириллу новую книгу. Он купил её вчера, на книжном рынке. Когда Кирилл увидел книгу, он засмеялся. Дело в том, что он купил Андрею ту же книгу.

14. (review of indirect and direct objects) Maksim won the Russian state lottery, last week and bought presents for his friends and family. Follow the model to indicate what he bought for whom.

мама — новое платье

Он купил маме новое платье.

1. папа — дорогая книга

   ____

2. Андрей — билеты в театр

   ____

3. Миша — джинсы и свитер

   ____

4. Мария — чёрная юбка

   ____

5. Кирилл — маленький телевизор

   ____

15. (Writing development)

A. Imagine that you have won the lottery. Indicate what you will give to five friends and/or relatives. Remember to use what you know, not what you don't know.

B. Expand the sentences you wrote above to make a short composition. Do this by telling why you have selected the particular items for the particular people. *Example:* **Я куплю брату роман Достоевского, потому что он очень любит художественную литературу.**

16. (Writing development) On a separate sheet of paper, write a 10-line conversation between two people discussing the merits of a book, play, or movie. Use as many "opinion" expressions (**а по-моему... а мне кажется, что..., а я думаю, что...**) as you can.

ЧТО ПОЧИТАТЬ

ФОНЕТИКА И ИНТОНАЦИЯ

SOFT CONSONANTS Ч AND Щ

You know that Russian has both hard (nonpalatalized) and soft (palatalized) consonants. Soft consonants are pronounced with the middle of the tongue near the roof of the mouth (the palate), as if a [y] sound were embedded in them.

Most consonant letters have both a hard and a soft variant. Usually you tell whether a consonant is hard or soft by looking at the following letter:

а	э	о	ы	у	∅	indicate the preceding consonant is hard.
я	е	ё	и	ю	ь	indicate the preceding consonant is soft.

However, the consonants **Ч** and **Щ** are always pronounced soft, no matter what letter follows. This has consequences for the pronunciation of certain words, such as the following:

WE SPELL...	***BUT WE SAY...***
час	чяс
нача́ть	начя́ть
хочу́	хочю́
о веща́х	о вещя́х

Consequences for vowel reduction. Remember that an unstressed **я** that is not the last letter of the word reduces to [ɪ]. Because we pronounce **а** as if it were **я** after **ч** and **щ** we can expect that kind of reduction in words such as those given below:

WE SPELL	***WE PRONOUNCE A AS Я***	***WE REDUCE Я TO:***
два часа́	два чяса́	два ч[ɪ]са́
Чайко́вский	Чяйко́вский	Ч[ɪ]йко́вский
она́ начала́	она́ начяла́	она́ нач[ɪ]ла́

Now look at the names of the writers below. Which names include permanently soft consonant letters? Which include permamently hard consonant letters (discussed in the phonetics material in Workbook for Unit 3)? Underline those places in which you expect to *hear* **я** and **ю** in place of **а** and **у**. Make note of those occurences of reduction to [ɪ].

1. Евге́ний Бачу́рин (*1935-, поэт, современный бард*)
2. Елиза́р Ма́льцев (*1917-, прозаик*)
3. Самуи́л Марша́к (*1887-1964, поэт, переводчик, автор рассказов и стихов для детей*)
4. Ива́н Молча́нов (*1903-84, поэт*)
5. Михаи́л Са́лтыков-Щедри́н (*1826-89, писатель-сатирик*)
6. Алекса́ндр Солжени́цын (*1918-, прозаик, публицист, лауреат Нобелевской премии - 1970*)
7. Пётр Чаада́ев (*1794-1856, мыслитель и публицист*)
8. Моде́ст Чайко́вский (*1850-1916, драматург*)
9. Алекса́ндр Чако́вский (1913-, *прозаик, главный редактор «Литературной газеты», 1962-84*)
10. Корне́й Чуко́вский (1882-1969, *переводчик, автор произведений для детей*)

УСТНЫЕ УПРАЖНЕНИЯ

11. Михаи́л Шо́лохов (1905-84, *прозаик, лауреат Нобелевской премии - 1965*)
12. Татья́на Ще́пкина-Купе́рник (*1874-1952, поэт, прозаик, драматург, переводчик*)

Oral Drill 1 — (new verb - **волнова́ться**) State that the person in the prompt is nervous because of the test scheduled for today.

— У меня́ сего́дня контро́льная рабо́та! ⇨ ***— Я о́чень волну́юсь!***
— У вас сего́дня контро́льная рабо́та! ⇨ ***— Вы о́чень волну́етесь!***

У них..., у дете́й..., у студе́нтки...,
у бра́тьсв..., у сестёр..., у меня́..., у тебя́...,
у нас..., у вас... у сосе́да по ко́мнате...
у нас..., у вас...

Oral Drill 2 — (5.1 - **звать** vs. **называ́ться**) Ask the name of the person or thing pointed out by your friend.

— Вот мой друг. ⇨ ***— Как его́ зову́т?***
— Вот наш университе́т. ⇨ ***— Как он называ́ется?***

Вот...
наш сосе́д, моя́ сестра́, но́вая пье́са,
стихи́ Пу́шкина, моё стихотворе́ние,
но́вая медсестра́,
кана́дские бизнесме́ны,
рома́ны Ильфа и Петро́ва

Oral Drill 3 — (5.1 - **звать** vs. **называ́ться**) Ask the name of the person or thing in the prompt. If necessary, review the accusative case of nouns and modifiers.

— Ваш люби́мый писа́тель ⇨ ***— Как зову́т ва́шего люби́мого писа́теля?***
— Этот но́вый рома́н ⇨ ***— Как называ́ется э́тот но́вый рома́н?***

э́тот изве́стный писа́тель
ваш преподава́тель
но́вая кни́га
ваш учёбник
ваш люби́мый поэ́т
ва́ши люби́мые стихи́
ме́сто, где вы у́читесь

Oral Drill 4 — (5.2 - **нýжен**) You are asked where something can be obtained. Check to make sure that you understand what the person needs.

— Где я могý получи́ть такýю спрáвку? ⇨ ***— Знáчит, вам нужнá спрáвка?***
— Где я могý получи́ть таки́е докумéнты? ⇨ ***— Знáчит, вам нужны́ докумéнты?***

Где я могý получи́ть...?
такóй билéт, такóй докумéнт,
такýю кáрточку, такýю пласти́нку,
такóе направлéние, таки́е кассéты,
таки́е фотогрáфии

Oral Drill 5 — (5.3 **котóрый**) Connect the sentences, using **котóрый** to point out the things you liked.

— Вот кни́га. Онá мне понрáвилась. ⇨ ***— Вот кни́га, котóрая мне понрáвилась.***
— Вот фотогрáфии. Они́ мне понрáвились. ⇨ ***— Вот фотогрáфии, котóрые мне понрáвились.***

Вот...
ромáн Солжени́цына,
стихи́ Анны Ахмáтовой,
мультфи́льм Уóлта Диснéя,
пьéса Чéхова, пéсни рок-грýппы,
полити́ческая парóдия,
стихотворéние Блóка, задáние

Oral Drill 6 — (5.3 **котóрый**) Connect the sentences, using **котóрый** to ask where are the things your friend gave you.

— Где докумéнт? Вы егó мне дáли. ⇨ ***— Где докумéнт, котóрый вы мне дáли ?***
— Где ви́за? Вы её мне дáли. ⇨ ***— Где ви́за, котóрую вы мне дáли ?***

Где...?
письмó от мáмы, кассéта концéрта,
спрáвки, сбóрник расскáзов,
сбóрник стихóв, ромáны Шóлохова,
газéта

Oral Drill 7 — (5.3 **кото́рый**) Say that you know the people about whom your friend is talking.

— Вот студе́нтка. ⇨ ***— Я зна́ю студе́нтку, о кото́рой ты говори́шь.***
— Вот ме́неджер. ⇨ ***— Я зна́ю ме́неджера, о кото́ром ты говори́шь.***

Вот...
студе́нт, авангáрдный режиссёр,
медсестрá, учи́тельница, инострáнец,
ру́сский писáтель

Oral Drill 8 — (5.3 **кото́рый**) Express your displeasure at being in a class that treats films and texts that the students do not have.

— Сейчáс мы бу́дем говори́ть о фи́льме «Мáленькая Ве́ра». ⇨
— Почему́ вы говори́те о фи́льме, кото́рого у нас нет?
— Сейчáс мы бу́дем говори́ть о кни́ге «До́ктор Ноу». ⇨
— Почему́ вы говори́те о кни́ге, кото́рой у нас нет?

Сейчáс мы бу́дем говори́ть...
о ромáне «Идио́т»
о фи́льме Таркóвского «Зе́ркало»
о расскáзе Толсто́го «Аку́ла»
о пье́се Че́хова «Чáйка»
о стихотворе́нии Пу́шкина «Ты и вы»

Oral Drill 9 — (5.4 **никогдá не** and review of **поня́ть**) When asked if various people understood something, respond that you doubt that they'll ever understand it.

— Вы по́няли э́то задáние? ⇨ ***— Я никогдá не пойму́ его́!***
— Же́ня понялá это задáние? ⇨ ***— Онá никогдá не поймёт его́!***

роди́тели, писáтель, вы, ты, врачи́,
преподавáтель, твоя́ сосе́дка,
твои́ сосе́ди по ко́мнате

Oral Drill 10 — (5.4 **ни...не** constructions) Indicate that Anna never does anything.

— Где у́чится Анна? ⇨ ***— Она́ нигде́ не у́чится.***
— Кого́ зна́ет Анна? ⇨ ***— Она́ никого́ не зна́ет.***
— Когда́ волну́ется Анна? ⇨ ***— Она́ никогда́ не волну́ется.***

Когда́ рабо́тает Анна?
Где у́чится Анна?
Кого́ лю́бит Анна?
Что пи́шет Анна?
О чём пи́шет Анна?
У кого́ живёт Анна?
Кого́ ви́дит Анна?
О ком ду́мает Анна?
Кому́ сове́тует Анна?

Oral Drill 11 — (5.4 **ни...не** constructions) Deny everything!

— Вы взя́ли что́-нибудь почита́ть? ⇨ ***— Нет, мы ничего́ не взя́ли.***
— Вы объясня́ли кому́-нибудь о на́шей жи́зни? ⇨ ***— Нет, мы никому́ не объясня́ли.***

Вы...?
слы́шали что́-нибудь об э́том?
когда́-нибудь слу́шали э́тот курс?
когда́-нибудь чита́ли Пу́шкина?
где́-нибудь рабо́тали?
когда́-нибудь учи́лись?
куда́-нибудь идёте?

Oral Drill 12 — (5.5 **-нибудь**) Your friends ask what they should do. Tell them to do something, anything!

— О чём рассказа́ть? ⇨ ***— Расскажи́те о чём-нибу́дь!***
— Что сказа́ть? ⇨ ***— Скажи́те что-нибу́дь!***

О чём написа́ть?
Что показа́ть?
Что прочита́ть?
О чём рассказа́ть?
Что купи́ть?
Что де́лать?
Кого́ спроси́ть?

Oral Drill 13 — (5.5 **-нибудь**) Rephrase the following questions to make them more general.

— Кого́ вы зна́ете? ⇨ ***— Вы кого́-нибудь зна́ете?***
— Каку́ю кни́гу вы купи́ли? ⇨ ***— Вы купи́ли каку́ю-нибудь кни́гу?***

Что вы чита́ете?
Каки́е рома́ны вы чита́ете?
Каки́е ру́сские стихи́ вы зна́ете?
Кого́ вы зна́ете?
Како́е произведе́ние вы осо́бенно лю́бите?

Oral Drill 14 — (5.5 **-то**) A snoopy reporter wants information about your famous friend Natasha. Give vague answers to all the reporter's questions.

— Где рабо́тает Ната́ша? ⇨ ***— Она́ где́-то рабо́тает, но я не зна́ю где.***
— Когда́ она́ учи́лась? ⇨ ***— Она́ когда́-то учи́лась, но я не зна́ю когда́.***

Что она́ пи́шет?
Где она́ отдыха́ет?
Когда́ она́ рабо́тала в шко́ле?
О чём она́ чита́ет?
Каки́е рома́ны она́ чита́ет?
Почему́ она́ не отвеча́ет на вопро́сы?
Куда́ она́ пошла́?

Oral Drill 15 — (5.5 **-нибудь, -то**) When asked if you know (or have seen, heard of, or done) anything, give a vague answer.

— Вы что́-нибудь зна́ете? ⇨ ***— Да, мы что́-то зна́ем.***
— Вы о чём-нибудь слы́шали? ⇨ ***— Да, мы о чём-то слы́шали.***

Вы что́-нибудь ви́дели?
Вы что́-нибудь по́няли?
Вы о чём-нибудь чита́ли?
Вы кого́-нибудь зна́ете?
Вы кого́-нибудь спра́шивали?
Вы у кого́-нибудь бы́ли?
Вы кому́-нибудь сказа́ли наш секре́т?

Oral Drill 16 — (5.5 **-то, -нибудь**) Answer the questions affirmatively, but vaguely.

— Вы смотре́ли фильм? ⇨ ***— Да, како́й-то фильм мы смотре́ли.***
— Вы слы́шали о контро́льной рабо́те? ⇨ ***— Да, о како́й-то контро́льной рабо́те мы слы́шали.***

Вы слу́шали конце́рт?
Вы слы́шали но́вости?
Вы получи́ли спра́вку?
Вы чита́ли стихи́?
Вы слы́шали о контро́льной рабо́те?
Вы слы́шали о зада́нии?
Вы слы́шали о зада́ниях?
Вы смотре́ли переда́чи?
Вы бы́ли на ле́кции?

Oral Drill 17 — (5.5 **-нибудь, -то**) You are asked questions about events you know nothing about. Express your surprise as in the models.

— Где рабо́тает Петро́в? ⇨ ***— Он где́-нибудь рабо́тает?***
— Кто был на уро́ке? ⇨ ***— Кто́-нибудь был на уро́ке?***
— Что сказа́л врач? ⇨ ***— Врач что́-нибудь сказа́л?***
— Когда бу́дет переда́ча? ⇨ ***— Переда́ча когда́-нибудь бу́дет?***

Кто чита́ет ле́кцию?
Где бу́дет уро́к?
О чём говори́л преподава́тель?
Когда́ мы бу́дем смотре́ть пье́су?
Где рабо́тал дя́дя?
О чём ду́мает шко́льник?
Куда́ едет президе́нт?
Когда́ отдыха́ют э́ти студе́нты?
Когда́ бу́дут пока́зывать переда́чу?
Кому́ Ве́ра сове́тует слу́шать э́тот курс?

Oral Drill 18 — (5.6 last names) Ask whether your friend has read the works of the following authors.

Достое́вский ⇨ ***— Вы чита́ли произведе́ния Достое́вского?***
Цвета́ева ⇨ ***— Вы чита́ли произведе́ния Цвета́евой?***

Булга́ков, Маяко́вский, Ахма́това, Блок,
Толсто́й, Пано́ва, Толста́я, Тро́цкий,
Пу́шкин, Го́рький, Пастерна́к, Гладко́в

Oral Drill 19 — (5.6 last names) Ask your teacher to tell you about the following authors.

Булга́ков ⇨ ***— Расскажи́те о Булга́кове.***
Маяко́вский ⇨ ***— Расскажи́те о Маяко́вском.***

Ахма́това, Гладко́в, Толсто́й, Го́рький,
Толста́я, Блок, Бе́лый, Пу́шкин,
Цвета́ева, Пастерна́к, Пано́ва,
Вознесе́нский, Вознесе́нская

Имя и фамилия ________________________________

ПИСЬМЕННЫЕ УПРАЖНЕНИЯ

1. (5.1 - **звать** vs. **называться**) Fill in the blanks with the appropriate verb. Then answer the questions in complete sentences.

образец:

Как *называется* ваш учебник русского языка? ⇨ *Он называется «Голоса».*

1. Как ________________________________ вашего преподавателя?

____

2. Как ________________________________ ваша любимая книга?

____

3. Как ________________________________ её автора?

____

4. Как ________________________________ вашего самого любимого писателя?

____

5. Как ________________________ у неё (или у него) самое известное произведение?

____

2. (5.2 - **нужен**) Various people in your tour group need to acquire certain items. Write complete sentences indicating who needs what. If necessary, review the dative case of nouns and modifiers.

образец: **Борис Сергеевич — справка** ⇨ *Борису Сергеевичу нужна справка.*

1. Татьяна Борисовна — фотографии

____

2. Лидия Васильевна — роман Достоевского

____

3. их новый сосед — новая кассета

____

4. их новая соседка — билеты на балет

____

5. Максим и Саша — направление

____

3. (5.2 - **нужен** - personalized)

List five things you need and know the Russian words for.

____

____

Write a separate sentence for each item, indicating that you need it.

____

____

____

____

____

Select two items and write two separate sentences, indicating that you needed them yesterday.

____

____

Select two other items and write two separate sentences, indicating that you will need them tomorrow.

____

____

4. (5.3 **который**) At a party John introduced his friends and relatives to each other, being sure to give some information about each person. Show how his short sentences could be connected with **который.**

Это мой сосед. Он работает в больнице. ⇨

Это мой сосед, который работает в больнице.

1. Это наш преподаватель. Он из Иркутска.

____

2. Это моя знакомая. Она учится в МЛУ.

____

3. Это мой брат Пол. Он изучает математику.

____

4. Это мои друзья. Они изучают литературу.

____

5. Это моя сестра. Она учится в Киеве.

____

5. (5.3 **который**) Sally is taking an informal survey on the books and movies her friends know well. Fill in the blanks with the appropriate form of который.

1. Как называется книга, ______________________ ты сейчас читаешь?
2. Где вы слышали о писателе, ______________________ написал эту книгу?
3. Как называется самый длинный роман, ______________________ вы читали?
4. Вам нравятся стихи, о ______________________ говорят на курсе по литературе?
5. Вы когда-нибудь читали стихи, ______________________ написала Цветаева?
6. Вы не знаете писателя, ______________________ живёт у нас в общежитии?
7. Как называется самый интересный фильм, ____________ вы смотрели в этом году?
8. Вы читали журнал, в ______________________ пишут об этом фильме?
9. Вы читали роман, автор ______________________ получил Нобелевскую премию?
10. Как вам понравилось стихотворение, ______________ нам надо было выучить?

Имя и фамилия ________________________________

6. (5.4 **ни... не**) Fill in the blanks with **ни** or **не**, as needed. When **ни** is part of the word that follows it, show this by circling the entire word (for example, circle **никто́**, but do not circle **ни о ко́м**).

1. Я _____ знаю китайский язык. _____кто здесь _____ знает его.

2. — Кого вы знаете здесь?

   — Я _____кого _____ знаю.

3. — Кому вы подарили книгу Замятина?

   — Я _____кому эту книгу _____ дарил.

4. — К кому вы ходили вчера?

   — Мы _____ к кому _____ ходили.

5. — О ком вы говорите?

   — Мы _____ о ком _____ говорим.

6. — Что вы читаете?

   — Я _____чего _____ читаю.

7. — О чём говорила Анна?

   — Она _____ о чём _____ говорила.

8. Даша _____как _____ могла найти вашу квартиру.

9. Джейн ещё плохо понимает по-русски. Она _____как _____ поймёт этот фильм.

10. Мы часто катаемся на лыжах, но мы _____когда _____ катаемся на коньках.

11. — Где работает Иван?

    — Он _____где _____ работает.

12. Вчера мы хотели поехать на дачу, но погода была такая плохая, что мы _____куда _____ поехали.

7. (5.4 **ни... не**)

A. In the 1980s several newspaper articles complained about U.S. students' poor knowledge of various subjects. How would you express these complaints in Russian?

1. No one knows literature well.

____

2. Many (многие) students know nothing about geography.

____

3. Many students don't read anything about politics

____

4. Some (некоторые) students never study.

____

5. Some students don't write about anything.

____

B. Write a short composition refuting one of the claims above. We've begun the composition for you. Fill in the blank in the first sentence, and then complete the composition by giving your reasons.

Хотя в газетах писали, что ______________________________

______________________________, мне кажется, что

это неправда. ______________________________

____

____

____

____

____

* хотя=although

8. (5.5 **-нибудь, -то**)

   A. Katya is trying to decide what book to give Jane for her birthday. Here is the transcript of a short conversation between them. Fill in the blanks with **-то** or **-нибудь.**

   — Джейн, есть у тебя любимый писатель?

   — Я когда-________ очень любила Стейнбека, но почему-________ больше его не читаю.

   — Ты читала какие-__________ современные произведения?

   — Читала что-__________ в прошлом году, но уже забыла что.

   — Ты знаешь русскую литературу?

   — Конечно, я знаю о многих писателях и произведениях, но мало читала. Надеюсь, что когда-__________ я смогу читать Булгакова и Достоевского на русском языке.

   B. Using information from the conversation reported above, write a short note to Katya telling her what you think she should buy Jane for her birthday. Remember that Russian uses **подари́ть**, not **дать**, when gifts are involved.

Имя и фамилия ______________________________

9. (5.5 **-нибудь, -то**)

A. Jessica has asked you to interpret during her interview with a Russian writer. She's given you some of her questions in advance. Prepare your translations.

1. Do you know any American novels?

____

2. Have you ever read* French literature? (*Use imperfective **читать**)

____

3. Have you written about your novels anywhere?

____

4. Have you told anyone what is the name of the novel that you are writing now?

Как наз. — роман, который вы

____

5. Do you ever write poetry?

____

B. Now write five more interesting questions for the author. Your questions do not have to contain **-нибудь** or **-то.**

____

____

____

____

____

____

10. (5.4-5 some-, any- **-то, -нибудь, ни... не**) Express the following sentences in Russian, paying special attention to the underlined words. Remember that the particles **-то** and **-нибудь** are used in positive sentences; **ни... не** constructions must be used in negated sentences.

1. "Did anyone call?" "No, no one called."

    ____

2. "Did anyone read this poem?" "Yes, someone read it."

    ____

3. "Which newspaper were you reading?" "I wasn't reading anything, but Vadim was reading some [sort of] paper this morning."

    ____

    ____

4. "Have you ever been in Moscow?" "No, I've never been in Moscow. But I will go to Moscow some time."

    ____

    ____

    ____

5. "Let's buy something tomorrow." "I won't buy anything. I bought something yesterday."

    ____

    ____

    ____

    ____

11. (5.6 Last names) Andrei bought a number of books yesterday. Fill in the blanks with the correct form of the author's name.

Андрей вчера купил книги

«Идиот» ____,
Фёдор Достоевский

«Война и мир» ____,
Лев Николаевич Толстой*

«Я надеюсь» ____,
Раиса Горбачёва

«Женский декамерон» ____,
Юлия Вознесенская

«На золотом крыльце сидели» ____
Татьяна Толстая

и «Мастер и Маргарита» ____.
Михаил Булгаков

12. (5.6 Last names - personalized) Answer the following questions, naming 3-5 authors in each answer. Refer to the textbook for authors' names, if necessary.

1. Каких русских писателей вы знаете?

____

____

____

____

2. О каких русских писателях вы бы хотели больше знать?

____

____

____

____

* Genitive of Лев = Льва.

СВОБОДНОЕ ВРЕМЯ

УСТНЫЕ УПРАЖНЕНИЯ

Oral Drill 1 — (6.1 **проводи́ть свобо́дное вре́мя**) Ask how the following people spend their free time.

Вы ⇨ ***Как вы прово́дите свобо́дное вре́мя?***
Оле́г ⇨ ***Как Оле́г прово́дит свобо́дное вре́мя?***

ты
Ка́тя и Ки́ра
вы
Ва́ня
ва́ши роди́тели

Oral Drill 2 — (6.2 **занима́ться спо́ртом**) Say that the following people play sports.

Я ⇨ ***Я занима́юсь спо́ртом.***
Мы ⇨ ***Мы занима́емся спо́ртом.***

Оле́г
Ма́ша и Шу́ра
ты
вы
я

Oral Drill 3 — (6.2 **игра́ть во что**) Everyone plays a different sport or game. Tell who plays what.

Бо́ря — футбо́л ⇨ ***Бо́ря игра́ет в футбо́л.***
Са́ша — «Монопо́лия» ⇨ ***Са́ша игра́ет в «Монопо́лию».***

баскетбо́л, ре́гби, хокке́й,
америка́нский футбо́л,
ка́рты, по́кер, те́ннис,
ша́хматы, ша́шки, волейбо́л,
«Эруди́т», бейсбо́л,
«Монопо́лия».

ша́хматы = chess
ша́шки = checkers
«Эруди́т» = Scrabble

Oral Drill 4 — (6.3 **игра́ть на чём**) When your friend tells of plans to play a concerto for a particular instrument, express your surprise that s/he plays that instrument.

— Мы бу́дем игра́ть конце́рт для фле́йты. ⇨ ***— Ты игра́ешь на фле́йте?***
— Мы бу́дем игра́ть конце́рт для гобо́я. ⇨ ***— Ты игра́ешь на гобо́е?***

Мы бу́дем игра́ть конце́рт для...
кларне́та, тромбо́на, скри́пки, класси́ческой гита́ры, фортепья́но, пи́кколо

Oral Drill 5 — (6.4 New verb - **уча́ствовать**) Agree that the people in question participate in the club.

— Вы принима́ете уча́стие в клу́бе? ⇨ ***— Да, я уча́ствую в клу́бе.***
— Тама́ра принима́ет уча́стие в клу́бе? ⇨ ***— Да, она́ уча́ствует в клу́бе.***

Еле́на, де́ти, вы с ма́мой, Ве́ра Петро́вна с до́черью, роди́тели, ты, все

Oral Drill 6 — (6.4 New Verbs - **петь, танцева́ть**) Say that everyone sings and dances.

Я ⇨ ***Я пою́ и танцу́ю.***
Аля ⇨ ***Аля поёт и танцу́ет***

мы
Вади́м
Вади́м и Аля
вы
ты
я

Oral Drill 7 — (6.4 New verbs, and review of old verbs) When asked if you used to do something, say that you still do it.

— Вы, ка́жется, ра́ньше пе́ли? ⇨ ***— Я и сейча́с пою́.***
— Вы, ка́жется, ра́ньше бе́гали? ⇨ ***— Я и сейча́с бе́гаю.***

Вы, ка́жется, ра́ньше...
кури́ли, е́ли пи́ццу, танцева́ли, пе́ли, пи́ли во́дку, ката́лись на лы́жах, занима́лись спо́ртом, забо́тились о своём здоро́вье, уча́ствовали в анса́мбле,смотре́ли телеви́зор, пла́вали, игра́ли в хокке́й, поднима́ли тя́жести, вяза́ли, вышива́ли, ката́лись на конька́х, купа́лись, ходи́ли в похо́ды

Oral Drill 8 — (6.5 - **с кем** - Instrumental case of pronouns) Answer the questions affirmatively, as in the models.

— Вы говори́ли со мной? ⇨ ***— Да, мы говори́ли с вами.***
— Он говори́л с ней? ⇨ ***— Да, она́ говори́ла с ним.***

Они́ говори́ли с ва́ми?
Ты говори́ла со мной?
Он говори́л с на́ми?
Вы говори́ли с ней?
Я говори́л с тобо́й?
Она говори́ла с ним?
Мы говори́ли с ни́ми?

Oral Drill 9 — (6.5 - **занима́ться чем**, instrumental of nouns and adjectives) Ask for clarification when you are told what particular sport(s) various people play.

— Оле́г игра́ет в баскетбо́л и в хокке́й. ⇨ ***— Каки́ми ви́дами спо́рта занима́ется Оле́г?***
— Ольга ката́ется на лы́жах. ⇨ ***— Каки́м ви́дом спо́рта занима́ется Ольга?***

Кса́на игра́ет в бейсбо́л.
Алёша игра́ет в футбо́л и ката́ется на велосипе́де.
Серге́й бе́гает.
Со́ня де́лает заря́дку.
Ле́на ката́ется на конька́х и игра́ет в те́ннис.
Ми́ша занима́ется бо́ксом.

Oral Drill 10 — (6.5 - **интересова́ться чем**, and review of instrumental case of nouns and adjectives) Claim to be interested in the following topics.

— Ты лю́бишь вы́сшую матема́тику? ⇨
— Да, я о́чень интересу́юсь вы́сшей матема́тикой.
— Ты лю́бишь америка́нский футбо́л? ⇨
— Да, я о́чень интересу́юсь америка́нским футбо́лом.

Ты лю́бишь...
баскетбо́л, бокс, ру́сскую му́зыку, нау́ку и те́хнику, поли́тику, класси́ческую му́зыку, совреме́нную му́зыку, ру́сское иску́сство, ру́сскую литерату́ру, ру́сские фи́льмы, иностра́нные языки́, совреме́нные стихи́, ру́сский язы́к, политоло́гию, ру́сскую литерату́ру

Oral Drill 11 — (6.5 **увлека́ться чем**, and review instrumental case of nouns and adjectives) In response to questions about various people's hobbies, say that they are crazy about them.

— Ва́ше увлече́ние — рок-му́зыка? ⇨ ***— Да, мы увлека́емся рок-му́зыкой.***
— Её увлечение — литерату́ра? ⇨ ***— Да, она́ увлека́ется литерату́рой.***

Его́ увлече́ние — класси́ческая му́зыка?
Твоё увлече́ние — ста́рое кино́?
Их увлече́ние — ру́сская поэ́зия?
Ва́ше увлече́ние — бокс?
Её увлече́ние — видеоте́хника?
Твоё увлече́ние — совреме́нные та́нцы?
Их увлече́ние — класси́ческий бале́т?
Ва́ше увлече́ние — стихи́?

Oral Drill 12 — (6.5 **стать кем**, review of instrumental case of nouns and adjectives) Tell who will become what.

Ве́ра — врач. ⇨ ***Ве́ра ста́нет врачо́м.***
Влади́мир — бизнесме́н ⇨ ***Влади́мир ста́нет бизнесме́ном.***

Алекса́ндр Ива́нович — банки́р.
Алла Оле́говна — юри́ст.
Никола́й — те́хник.
Ва́ша мать — дире́ктор фи́рмы.
Ма́ша — большо́й экономи́ст.
Во́вка — специали́ст по компью́терной те́хнике.
Ки́ра и Яша — коммерса́нты
Эти студе́нты — инжене́ры
Вы — врач
Ты — преподава́тель
Я — ?

Oral Drill 13 — (6.5 **быть кем, стать кем,** review of instrumental case of nouns and adjectives) Tell what people dreamt of becoming when they were little.

— Антон — музыка́нт? ⇨
— Нет, но когда́ он был ма́леньким, он мечта́л стать музыка́нтом.
— Ви́ка — фи́зик? ⇨
— Нет, но когда́ она́ была́ ма́ленькой, она́ мечта́ла стать фи́зиком.

Алекса́ндр — биоло́г?
Ли́за — учи́тельница?
Ваш друг — меха́ник?
Ле́на — актри́са
Ваш сосе́д — арти́ст?
Валенти́н — танцо́р?
Кири́лл — секре́тный аге́нт?

Oral Drill 14 — (6.5 **по́льзоваться чем,** review of instrumental case of nouns and adjectives) Ask whether the questioners use the things they're looking for.

— Где но́вый уче́бник? ⇨ ***— Вы по́льзуетесь но́вым уче́бником?***
— Где их автомоби́ль? ⇨ ***— Вы по́льзуетесь их автомоби́лем?***

Где... ?
телефо́н-автома́т
кассе́тный магнитофо́н
ру́сско-англи́йский слова́рь
жёлтая маши́на
спорти́вный зал
си́няя ру́чка

Oral Drill 15 — (6.5 **по́льзоваться чем,** instrumental case of pronouns) When asked if you are using something, say you were using it earlier.

— Вы по́льзуетесь э́тим уче́бником? ⇨ ***— Нет, но мы по́льзовались им ра́ньше.***
— Вы по́льзуетесь э́той кни́гой? ⇨ ***— Нет, но мы по́льзовались ей ра́ньше.***

Вы по́льзуетесь...
э́тим журна́лом
а́нгло-ру́сским словарём
э́тим ста́рым ра́дио
э́тими но́выми уче́бниками
э́тими лы́жами
стациона́рным велосипе́дом

Oral Drill 16 — (6.6 **Пусть** and verb practice) When you hear what Oleg wants to do, say "Let him do it."

— Оле́г хо́чет танцева́ть. ⇨ ***— Хорошо́. Пусть танцу́ет.***
— Оле́г хо́чет петь пе́сни. ⇨ ***— Хорошо́. Пусть поёт пе́сни.***

Оле́г хо́чет...
пить вино́, кури́ть,
принима́ть уча́стие в анса́мбле,
игра́ть в волейбо́л,
ката́ться на велосипе́де,
занима́ться спо́ртом,
петь пе́сни,
игра́ть на кларне́те,
учи́ться игра́ть на гита́ре

Oral Drill 17 — (New Verbs - losing and winning: **пройгрывать/проигра́ть, вы́игрывать/вы́играть**) Confirm what the questioner asks.

— Ва́ша кома́нда пло́хо игра́ет? ⇨ ***— Да, мы всегда́ пройгрываем.***
— Ва́ша кома́нда вчера́ хорошо́ игра́ла? ⇨ ***— Да, мы вы́играли!***

Ва́ша кома́нда...
всегда́ игра́ет хорошо́?
вчера́ игра́ла хорошо́?
за́втра бу́дет игра́ть пло́хо?
вчера́ игра́ла пло́хо?
всегда́ игра́ет пло́хо?
за́втра бу́дет игра́ть хорошо́?

Имя и фамилия ______________________________

ПИСЬМЕННЫЕ УПРАЖНЕНИЯ

1. (6.1 **проводить свободное время** and review of prepositional case) Indicate where people spend their free time, following the model.

   Олег — книжный рынок

   Олег проводит свободное время на книжном рынке.

   Екатерина Ивановна — новая библиотека

   ____

   ____

   Борис Михайлович — театр

   ____

   ____

   Их соседи — компьютерный центр

   ____

   ____

   Мы — кино

   ____

   ____

   Я — ?

   ____

   ____

2. (6.2 - **играть во что** Playing sports and games) Compose 10 true sentences by using one element from each column below. You may add a **не** before the verb in any of the sentences to negate it. Use every word in the last column once.

я			футбол
мой брат			американский футбол
моя сестра			теннис
наши родители	играть	в	хоккей
наша бабушка			баскетбол
			«Монополия»
			«Эрудит»
			шахматы
			шашки
			волейбол

____

____

____

____

____

____

____

____

____

____

____

____

____

3. (6.3 **играть на чём** Playing musical instruments) Indicate whether you do or do not know how to play these musical instruments.

образец: **гобой** *Я играю на гобое.* OR *Я не играю на гобое.*

кларнет ______________________________

гитара ______________________________

барабаны ______________________________

флейта ______________________________

рояль ______________________________

скрипка ______________________________

саксофон ______________________________

труба ______________________________

тромбон ______________________________

Do you play an instrument that is not listed? If so, find out its Russian name, and write a sentence saying how well you play it.

____

____

4. (6.4 Additional activity verbs) Compose sentences from the following elements. You may use **не** before the verb if you do not engage in the activity. Do not change word order, but do supply needed prepositions and put the words in the correct form.

я / танцевать / и / петь

____

я / участвовать / ансамбль

____

я / плавать / и / бегать

____

я / вязать / и / вышивать

____

я / кататься на лыжах

____

я / играть / флейта

____

я / играть / тромбон

____

я / играть / бейсбол

____

я / заниматься / спорт

____

я / смотреть / телевизор

____

я / слушать / музыка

____

я / поднимать / тяжести

____

я / ходить в походы

____

я / кататься / ролики

____

5. (6.5 Instrumental case — recognition) Read Pavel's letter quickly to get the meaning. Then go through it again and underline all words in the instrumental case.

28.04.93г.
Здравствуйте!

В Вашем письме вы просите меня рассказать больше о себе. Как Вы уже знаете, я живу в городе Иркутске с родителями и братом. Отец занимается бизнесом, мама — врач. Я учусь в Иркутском университете. В свободное время занимаюсь спортом — летом и осенью играю в футбол, зимой плаваю в университетском бассейне. Ещё увлекаюсь музыкой. Я играю на саксофоне в любительском ансамбле. Вы, наверное, слышали, что джаз у нас пользуется популярностью. Я, конечно, люблю его, но слушаю ещё и классическую музыку. Особенно люблю Чайковского.

Я бы хотел больше знать о Ваших увлечениях. В следующем письме напишите, пожалуйста, какой музыкой Вы интересуетесь и какими видами спорта Вы занимаетесь.

Ваш
Павел

6. Answer Pavel's letter.

7. (6.5 **интересоваться *чем*,** and review of instrumental case forms) Indicate who is interested in what. Circle the endings affected by the 5-letter or the 7-letter spelling rule.

1. Кто ____________________ интересуется?
   что
2. Эрик интересуется ____________________ ____________________.
   классическая музыка
3. Катя интересуется ____________________ ____________________.
   Олимпийские игры
4. Миша интересуется ____________________ ____________________.
   американский футбол
5. Алла интересуется ____________________ ____________________.
   иностранные языки
6. Ваня интересуется ____________________ ____________________.
   русский язык
7. Саша интересуется ____________________ ____________________.
   старые автомобили
8. Шура интересуется ____________________ ____________________.
   международные отношения
9. Олег интересуется ____________________ ____________________
   классический балет
10. Я интересуюсь ____.

8. (6.5 Verbal environments with instrumental - **увлекаться, заниматься, интересоваться**) Compose 10 true and grammatically correct sentences using one element from each of the columns below. Not all the adjectives can be used with all the nouns. The question marks at the end of some of the columns indicate that you may substitute an element of your own choosing.

я папа мама моя сестра мой брат наш преподаватель американцы ?	увлекаться заниматься интересоваться	американский английский испанский китайский классический профессиональный русский современный французский ?	балет искусство история литература музыка футбол язык ?

____

____

____

____

____

____

____

____

____

____

____

____

____

____

____

____

____

____

9. (6.5 **быть *кем*, стать *кем*,** review of instrumental case forms) Indicate what various people dreamt of becoming when they were little. Be sure to make **маленький** agree in gender and number with the subject. Circle endings affected by the 5-letter or 7-letter spelling rule.

1. Когда Анна была ________________ (маленький), она мечтала стать ________________ (профессиональная балерина).
2. Когда Алексей был ________________ (маленький), он мечтал стать ________________ (профессиональный спортсмен)
3. Когда Наталья Николаевна была ________________ (маленький), она мечтала стать ________________ (учительница).
4. Когда Борис Петрович был ________________ (маленький), он мечтал стать ________________ (учитель).
5. Когда Алла была ________________ (маленький), она мечтала стать ________________ (профессиональный музыкант).
6. Когда Лиза и Вадим были ________________ (маленький), они мечтали стать ________________ (детские врачи).
7. Когда Олег Петрович и Ольга Васильевна были ________________ (маленький), они мечтали стать ________________ (инженеры) или ________________ (преподаватели).
8. Когда моя мама была ________________ (маленький), она мечтала стать ________________ (?).

9. Когда мой папа был ______________________ (маленький), он мечтал стать ______________________ (?).

10. Когда я __________ (was) __________ (маленький), я __________ (dreamt) стать ______________________ (?).

10. (6.6 Third-person plural verb for passive meaning) Underline the verb in the main clause in the following sentences. Note that it is in the third-person plural (**они**) form and that the main clause has no grammatical subject (**они** or plural noun). Give English equivalents of the sentences.

1. По телевизору будут показывать Олимпийские игры.

____

2. Написали, что русские и американские лыжники очень сильные.

____

3. Мне посоветовали посмотреть передачу.

____

4. Говорят, что она будет очень хорошая.

____

5. У нас считают, что чемпионат выиграют или русские или американцы.

____

Now give Russian equivalents of these English sentences, using the **они** form of the verb without the **они.**

6. It is said that Sochi is a beautiful city.

____

7. I was advised to go there.

____

11. (6.7 - **пусть**) Indicate that everyone should be allowed to participate in the sport they want. The first one is done for you.

1. Дети хотят заниматься спортом.

   Пусть занимаются спортом.

2. Алексей хочет играть в теннис.

   ____

3. Катя и Кирилл хотят делать зарядку.

   ____

4. Ива думает заниматься аэробикой.

   ____

5. Вадим мечтает играть в бейсбол.

   ____

12. (6.8 **свой**) Underline the possessive modifiers in the following sentences. Indicate the reason for the use of **свой** or **его/её/их**:

    a. a form of **свой** because the item belongs to the person who is the grammatical subject of the clause

    b. **его, её,** or **их** because the item belongs to someone other than the person who is the grammatical subject of the clause.

    c. **его, её,** or **их** to avoid having **свой** as part of the subject of the clause.

can never be in subject of sentence

Антон и его брат Женя очень любят спорт.	( )
Антон знал, что его брат хочет играть в баскетбол.	( )
На день рождения Антон купил своему брату мяч*.	( )
У Антона нет мяча. Поэтому он иногда берёт его мяч.	( )
Братья и их друзья часто играют в баскетбол.	( )
Антон и Женя думают, что их друзья неплохо играют.	( )
В субботу ребята пригласили своего соседа играть с ними.	( )
Оказалось, что их сосед прекрасно играет.	( )

13. (6.8 **свой**) Fill in the blanks with the correct form of the word **свой**.

    1. Маша всегда заботится о ________________________ здоровье.
    2. Она часто говорит об этом со ____________________ соседкой.
    3. Во вторник Маша дала соседке ___________________ любимую книгу о здоровье.
    4. В пятницу они долго говорили о книге и о _____________ детях.
    5. Они решили больше заниматься спортом со _________ детьми.

NOTE: The preposition **с** is spelled **со** before forms of **свой**.

* мяч = ball

14. (6.8 **свой** vs. **его, её, их**) Fill in the blanks with the correct possessive modifier.

1. Это Петя и ______________ брат. Петя очень любит брата.
2. Это Анна и ______________ родители. Она часто играет в карты со ______________ родителями. Вчера ______________ мама выиграла.
3. Марина Петровна говорит, что «Братья Карамазовы» ______________ самая любимая книга. Но она не помнит, куда она положила ______________ книгу.
4. Сергей вчера дал ______________ баскетбольный мяч Вадиму. И теперь Вадим не помнит, куда он положил ______________ мяч.
5. Познакомьтесь. Это Александра Васильевна, Пётр Павлович и ______________ дети.

15. Review of adjectives and adverbs. Fill in the blanks.

ADJECTIVE	ADVERB	ENGLISH
слабый	*слабо*	*weak(ly)*
сильный	______	______
свободный	______	______
______	жарко	______
______	______	*cold*
тёплый	тепло	______
прохладный	______	______
______	весело	______
______	______	*good, well*
плохой	______	______
отличный	______	______
______	прекрасно	______
______	неплохо	______
______	______	*serious(ly)*
грустный	______	______
лёгкий	______	______
______	трудно	______
сложный	______	______
______	______	*honest(ly)*
______	интересно	______
профессиональный	______	______

Underline all the Russian adjectives that could be used to describe you.

16. (Pulling it all together) The questions have been omitted from an interview transcript. Restore them.

____?

Кэрен.

____?

Из Сент-Луиса.

____?

В Миссурийском университете. Учусь на третьем курсе.

____?

В свободное время мы с друзьями слушаем музыку или занимаемся спортом.

____?

Зимой катаюсь на лыжах, летом плаваю и бегаю.

____?

Да, играю на флейте. Когда была маленькой, даже мечтала стать профессиональным музыкантом.

____?

Теперь я думаю работать в банке, если будет такая возможность.

____.

Очень приятно было с вами разговаривать.

17. (Pulling it all together - personalized). Answer the following questions in complete sentences.

1. Как вы проводите свободное время?

____

2. Какими видами спорта вы занимаетесь?

____

3. Какими фильмами вы интересуетесь?

____

4. Какая музыка пользуется популярностью в вашем университете?

____

5. Какой музыкой вы увлекаетесь?

____

6. Вы играете на каком-нибудь инструменте? На каком?

____

7. Кем вы хотели стать, когда вы были маленьким/маленькой?

____

8. Кем хотели стать ваши родители, когда они были маленькими?

____

9. Кем становятся студенты вашего университета, когда они заканчивают университет?

____

10. Кем вы станете, когда вы окончите университет?

____

ЗДОРОВЬЕ

ЧИСЛИТЕЛЬНЫЕ

ТЕМПЕРАТУРА ПО ЦЕЛЬСИЮ

You will hear a list of patients and their morning temperatures. Write down the temperature you hear in the appropriate category. For example, if you hear that Muravyov has a temperature of 37, you would write "37" under his name in the **Невысокая** box.

	Высокая Положить в больницу!	Средняя Вызвать врача	Невысокая Лежать в постели	Нормальная
Башлашкова О.И.				
Суслов В.В.				
Познер М.Б.				
Давыдова А.П.				
Фоменко С.И.				
Парнас Т.Г.				
Вахменин А.С.				
Сегаль М.М.				
Курапова В.О.				

УСТНЫЕ УПРАЖНЕНИЯ

Oral Drill 1 — (7.1 **чу́вствовать себя́**) When asked if the following people are sick, say that they feel bad.

— Ма́ша больна́? ⇨ ***— Да, она́ пло́хо себя́ чу́вствует.***
— Вы больны́? ⇨ ***— Да, мы пло́хо себя́ чу́вствуем.***

Дми́трий бо́лен?
Ди́ма бо́лен?
Де́ти больны́?
Кла́ра больна́?
Вы больны́?
Ты бо́лен (больна́)?

Oral Drill 2 — (7.1 **чу́вствовать себя́** and **здоро́в**) When asked what's the matter with someone, say that that person felt bad yesterday, but is healthy today.

— Что с Кири́ллом? ⇨
— Вчера́ он чу́вствовал себя́ пло́хо, но сего́дня он совсе́м здоро́в.

Что с Анной?
Что с тобо́й?
Что с ма́мой?
Что с Анто́ном?
Что с Со́ней и Ви́ктором?
Что с ва́ми?

Oral Drill 3 — (7.1 **бо́лен/больна́/больны́**) Say that the following people are sick.

Анна ⇨ ***Анна больна́.***
Мы ⇨ ***Мы больны́.***

Ива́н
Ива́н и Вади́м
Мари́я
Вы
Яков Петро́вич
Де́ти
Татья́на Васи́льевна

Oral Drill 4 — (7.1 **бо́лен чем**) When asked if these people have various diseases, agree that they are sick with those illnesses.

— У ребёнка грипп? ⇨ ***— Да, он бо́лен гри́ппом.***
— У Ма́ши туберкулёз? ⇨ ***— Да, она́ больна́ туберкулёзом.***

У Ка́ти бронхи́т?
У Кири́лла просту́да?
У Ва́ни анги́на?
У Мари́и Петро́вны гастри́т?
У Никола́я Миха́йловича грипп?
У Макси́ма сальмонеллёз?

Oral Drill 5 — (7.1 **кому́ пло́хо**) When asked if these people feel bad, say they do.

— Вы пло́хо себя́ чу́вствуете? ⇨ ***— Да, нам пло́хо.***
— Ива́н пло́хо себя́ чу́вствует? ⇨ ***— Да, ему́ пло́хо.***

Анна пло́хо себя́ чу́вствует?
Преподава́тель пло́хо себя́ чу́вствует?
Ма́ма и па́па пло́хо себя́ чу́вствуют?
Ты пло́хо себя́ чу́вствуешь?
Андре́й пло́хо себя́ чу́вствует?

Oral Drill 6 — (7.1 **Что с кем?**) Ask what is wrong with these people.

Ва́ря ⇨ ***Что с Ва́рей?***
Твои́ роди́тели ⇨ ***Что с твои́ми роди́телями?***

э́ти де́ти, твои́ друзья́,
ва́ша ма́ть, Анна Ива́новна,
ваш преподава́тель, его́ дочь,
э́тот студе́нт, э́та студе́нтка,
Эрик, Ли́за, Вади́м, Ни́на,
ты, вы, он, она́, они́

Oral Drill 7 — (7.1 **просты́ть**) When asked what's wrong with various people, say they probably caught a cold.

— Что с тобо́й? ⇨ ***— Я, наве́рное, просты́л(а).***
— Что с Же́ней? ⇨ ***— Она́, наве́рное, просты́ла.***

Что...
с э́тими детьми́,
с ва́шим преподава́телем
с ва́шей ма́терью,
с твои́ми роди́телями,
с Еле́ной Петро́вной

Oral Drill 8 — (7.1 Saying what hurts) When asked if there's something wrong with your ..., say that it hurts.

— У вас что-то с нога́ми? ⇨ ***— Да, но́ги у меня́ боля́т.***
— У вас что-то с руко́й? ⇨ ***— Да, рука́ у меня́ боли́т.***

У вас что-то...
с ше́ей, с живото́м,
с зу́бом, с зуба́ми,
с руко́й, с рука́ми,
с па́льцем, с па́льцами,
со спино́й, с се́рдцем,
с го́рлом, с голово́й,
с гла́зом, с глаза́ми,
с у́хом, с уша́ми,
с ного́й, с нога́ми,
с гру́дью, с плеча́ми.

Oral Drill 9 — (7.1 Saying what hurts) When asked if something hurts, say that it hurt yesterday.

— У вас боли́т голова́? ⇨ ***— Нет, но у меня́ боле́ла голова́ вчера́.***
— У вас боли́т у́хо? ⇨ ***— Нет, но у меня́ боле́ло у́хо вчера́.***

У вас боли́т зуб?
У вас боля́т но́ги?
У вас боли́т нога́?
У вас боли́т живо́т?
У вас боли́т плечо́?
У вас боли́т рука́?
У вас боля́т ру́ки?
У вас боли́т спина́?
У вас боля́т глаза́?
У вас боли́т глаз?
У вас боли́т ше́я?
У вас боли́т голова́?
У вас боли́т у́хо?
У вас боля́т у́ши?
У вас боли́т го́рло?

Oral Drill 10 — (7.1 **тошни́т**) Say the following people are nauseous.

я ⇨ ***Меня́ тошни́т.***
Вади́м ⇨ ***Вади́ма тошни́т.***

наш сосе́д
он
Ки́ра
она́
я

Oral Drill 11 — (7.2 **хоте́ть, что́бы**) When asked if various people must perform certain actions, say that it's doctor's orders.

— Ве́ра должна́ лежа́ть? ⇨ ***— Да, врач хо́чет, что́бы Ве́ра лежа́ла.***
— Де́ти должны́ пить лека́рство? ⇨ ***— Да, врач хо́чет, что́бы они́ пи́ли лека́рство.***

Мы должны́ вы́звать ско́рую?
Больно́й до́лжен пить табле́тки?
Де́ти должны́ лежа́ть в посте́ли?
Студе́нт до́лжен встать?
Все должны́ принима́ть лека́рство?

Oral Drill 12 — (7.3 **спра́шивать** vs **проси́ть**) You are translating a doctor's questions for an American patient. Repeat all the doctor's questions and demands.

— У вас есть табле́тки? ⇨ ***— Врач спра́шивает, есть ли у нас табле́тки.***
— Пе́йте лека́рство! ⇨ ***— Врач про́сит, что́бы вы пи́ли лека́рство.***

Вы волну́етесь?
Не волну́йтесь!
Вы обеща́ете бо́льше отдыха́ть?
Обеща́йте бо́льше отдыха́ть!
Вы ле́читесь до́ма?
Лечи́тесь до́ма!
Вы лежи́те споко́йно?
Лежи́те споко́йно!

Oral Drill 13 — (7.4 Instrumental of intrument) When told what they have, say that they are treating Misha with it.

У них каки́е-то антибио́тики. ⇨ ***Ми́шу ле́чат каки́ми-то антибио́тиками.***
У них како́е-то лека́рство. ⇨ ***Ми́шу ле́чат каки́м-то лека́рством.***

У них...
каки́е-то но́вые ме́тоды
кака́я-то маши́на*
каки́е-то лека́рства
каки́е-то табле́тки
кака́я-то аппарату́ра
кака́я-то но́вая те́хника

*маши́на = *here* machine (*not* car)

Oral Drill 14 — (7.5 Answers based on repeated key words) Give positive short-form answers to the following questions. Remember that the Russian intonation rises sharply on the word being questioned.

— Ты слома́л себе́ но́гу? ⇨ — *Слома́л.*
— Ве́ра была́ в больни́це? ⇨ — *Была́.*
— Таки́е боле́зни ле́чат до́ма? ⇨ — *До́ма.*

Же́ня больна́?
Таки́е боле́зни ле́чат то́лько в больни́це?
Вы волну́етесь?
Вы принима́ете лека́рство?
Врач вы́пишет табле́тки?
Мо́жно лечи́ться до́ма?

Oral Drill 15 — (New Verb - **лечи́ться**) When asked where various people are being treated, say they are being treated at home.

— Где ле́чат ва́шего дру́га? ⇨ — *Он ле́чится до́ма.*
— Где ле́чат дете́й? ⇨ — *Они́ ле́чатся до́ма.*

Где ле́чат...
роди́телей, отца́, сы́на, дочь, сестру́,
бра́та, му́жа, жену́

Oral Drill 16 — (New verb - **лечи́ться/вы́-**) When asked if these people have been undergoing treatment for a long time, say they have finally been cured.

— Ва́ся до́лго лечи́лся? ⇨ — *Да, и наконе́ц вы́лечился.*
— Сыновья́ до́лго лечи́лись? ⇨ — *Да, и наконе́ц вы́лечились.*

Артём, дочь, роди́тели, студе́нт, де́вушка,
друзья́, на́ша знако́мая, бра́тья, сёстры

Oral Drill 17 — (New verb - **лечи́ть/вы́-**) When asked if these people have been undergoing treatment for a long time, say they have finally been cured.

— Ва́сю до́лго лечи́ли? ⇨ — Да, и наконе́ц его́ вы́лечили.
— Дете́й до́лго лечи́ли? ⇨ — Да, и наконе́ц их вы́лечили.

Ве́ру Миха́йловну, роди́телей,
дете́й, твоего́ бра́та,
ва́шу мать, де́душку, дя́дю,
тётю, ба́бушку

Oral Drill 18 — (New vocabulary and review of instrumental plural.) A Russian reporter asks about the facilities in a North American hospital, which you represent. Answer yes to all the questions.

— У вас есть нóвые антибиóтики? ⇨
— Да, мы пóльзуемся нóвыми антибиóтиками.

У вас...?
эффектúвные лекáрства
безболéзненные процедýры
совремéнные мéтоды лечéния
медицúнские словарú
эксперимéнтальные антибиóтики

безболéзненная прецедýра = painless procedure
полéзный = useful
совремéнный = modern

Имя и фамилия ______________________________

ПИСЬМЕННЫЕ УПРАЖНЕНИЯ

1. (7.1 **чувствовать себя**) Based on the information given, indicate whether the following people feel or felt good or bad. Pay attention to tense!

У меня очень болят ноги. ⇨ *Я плохо себя чувствую.*

Курт и Катя были здоровы. ⇨ *Они хорошо себя чувствовали.*

Кирилл болен бронхитом.

____

Маша совсем здорова.

____

У нас был грипп.

____

У тебя болела голова.

____

Вы здоровы.

____

Дети простыли.

____

Я.....

____

2. (7.1 **болен чем**) Everyone in the dormitory is sick. Indicate who is sick with what. The first one is done for you.

Катя — грипп ⇨ *Катя больна гриппом.*

Анна — ангина

____

Миша — бронхит

____

Ваня — что-то

____

Аля и Кира — вирус

____

Галя — гастрит

____

3. (7.1 **У кого что болит**) Everyone has aches and pains. Indicate who hurts where.

Миша — уши ⇨ *У Миши болят уши.*
Маша — голова ⇨ *У Маши болит голова.*

Катя — горло

____

Кирилл — руки

____

мама и папа — пальцы

____

Василий Павлович — живот

____

Евгения Николаевна — спина

____

наш новый преподаватель — ноги

____

твоя младшая сестра — зуб

____

Анна Сергеевна и Борис Иванович — ухо

____

Наташа — плечи

____

её мать — голова

____

я — ?

____

4. (7.1 **У кого что болит**) The aches and pains described in Exercise 3 are not new. Rewrite the sentences from Exercise 3 in the past tense, to indicate that the people had the same aches and pains yesterday too.

   У Миши болели уши.
   У Маши болела голова.

5. (7.2 **хотеть, чтобы**) Anna Pavlovna has given the following commands to her son Pasha. Indicate what she wants him to do.

Напиши письмо бабушке! ⇨

Анна Павловна хочет, чтобы Паша написал письмо бабушке.

Покажи фотографии!

____

____

Не смотри телевизор!

____

____

Занимайся больше!

____

____

Измерь температуру!

____

____

Обещай, что пойдёшь к врачу!

____

____

Не волнуйся!

____

____

Напиши письмо сестре!

____

____

Передай папе, что звонил врач!

____

____

6. (7.2 **хотеть, чтобы** - personalized) Write 5 sentences indicating some things your parents or someone else wants you to do.

____

____

____

____

____

7. (7.3 **спрашивать/спросить** vs **просить/попросить**) If you were suddenly called on to translate for a Russian-speaking patient at a clinic in Boston, you might have to say some of the things below. How would you convey the following in Russian, using the phrases given?

сделать анализ:
We asked if the doctor did a test.

____

We asked the doctor to do a test.

____

ложиться спать пораньше:
The doctor is asking if you go to sleep any earlier.

____

____

The doctor is asking you to go to sleep a bit earlier.

____

____

передать учебники:
I will ask your roommate to pass along the textbooks.

____

____

I will ask if your roommate passed along the textbooks.

____

____

8. (Pulling it all together.) In this conversation Sanya's roommate Volodya worries that Sanya has come down with a bad case of flu. Fill in the blanks. Do not write the first thing that pops into your head. Be ready to "justify" your answers grammatically.

— Саня, ______________________________? (what's wrong with you)

Ты ______________________________. (look terrible)

— Я, кажется, ______________________________. (have caught a cold)

______________________ (I have a headache), ______________________ (I'm coughing)

и ______________________ (I feel nauseous). Ещё ______________________ (my throat hurts).

— А по-моему, это ______________________________ (more serious):

у тебя, наверное, ______________________ (the flu), если не хуже.

Обязательно надо ______________________________ (to call a doctor).

Она тебе выпишет ______________________________ (antibiotics).

— Да что ты! Даже если ______________________________ (I have the flu),

всё равно ______________________________ (they don't treat flu with antibiotics).

______________________ (Don't worry)! ______________________ (I'm sure)

что завтра я почувствую себя нормально. Я просто ______________________ (will take)

______________________________ (medicine), и всё будет хорошо.

9. (Pulling it all together.) The next day, Sanya tells his friend Lara about what happened the day before. He can't believe that his roommate would be so panicky about a few cold symptoms.

— Саня, Володя мне сказал, что ___________________________________.
you're not feeling well

— Ну, как тебе сказать? Вчера я ___________________________________
felt

не очень хорошо. А сейчас всё нормально.

— А Володя сказал, что это ___________________________________.
flu

— Да какой грипп?! Это была простая простуда. Немного ___________________

___________________________________.
my head and throat were hurting

Я ___________________________________ и теперь я уже
took some medicine

___________________________________. А Володя, между прочим, большой
completely healthy

паникёр. Он сразу захотел ___________________________________.
to call an ambulance

— А ты ___________________________________, что ты сейчас здоров?
are sure

___________________________________,
If you're still sick

я очень ___________________________________.
ask you to rest

— Почему ты ___________________________________?
are worried

Ты не видишь: у меня симптомов нет. Температура у меня ___________________.
is normal

И уже ___________________________________.
nothing hurts

— Ну, ладно, но если опять заболеешь, я ___________________________________
I want

___________________________________, что вызовешь врача.
you to promise

— Хорошо. ___________________________________.
I promise

Имя и фамилия ______________________________

ДОПОЛНИТЕЛЬНЫЙ ТЕКСТ ДЛЯ ЧТЕНИЯ

Как сде́лать зи́му коро́че.

1. **Words you will need.** Familiarize yourself with these words before reading this passage.

   веще́ство́ - substance
   выводи́ть/вы́вести - to remove
   голода́я - while going hungry; **не голода́я** - without going hungry
   давле́ние - pressure
   кипяти́ть/про - to boil
   кише́чная фло́ра - intestinal flora
   наполови́ну = на 50 проце́нтов
   наступле́ние - onset
   облива́ть - pour
   органи́зм - organism (in the sense of the internal workings of the body)
   пита́ться - eat
   посеща́ть - to attend
   сре́дство = ме́тод
   худе́ть/по- to lose weight
   яд - toxin

   Useful expressions. The words below would be useful in your active vocabulary.

   в тече́ние (*чего*) - for a period of...: **в тече́ние дня** - for a period of one day
   гуля́ть (гуля́ю) - stroll
   доста́точно - enough
   есте́ственный - natural
   несмотря́ (*на что, кого*) - despite...
   о́ба, о́бе - both: this word works like **два, две.** It agrees in gender with the noun it modifies and takes genitive singular: **о́бе руки́ -** both hands.
   переры́в - break; rest period
   продолжа́ться - to last; to go on
   просту́да - cold

2. **Using what you know.** Most of the words of this article are new to you. Don't read word for word. Remember that this is an advice column. Look for imperatives telling you what to do. List five pieces of advice based on five imperatives.

3. **Main ideas.** What is said about the following topics?

   losing weight without going hungry
   boiling water
   the length of colds caught by people who regularly use the sauna
   pouring cold water on one's hands
   evening walks
   room temperature
   sleep
   flu immunizations

4. **Using context.** Match these words and their meanings

бóдро	adjust
перестрáиваться	attend
подхватúть	bouyant
профилáктика	cup
тóнус	catch
чáшка, чáшечка	prevention
шлáки	(muscle) tone
	slag; waste

5. **Using roots**

   The root **-выс-** (and its variant **-выш-**) means "high" or "raised"

   повы́сить
   превышáть
   повы́шенное

6. **Cognates.** Foreign verbs are often formed by means of **-овать**. In what context are these cognate verbs used? What do they mean?

   нормализовáть
   нейтрализовáть
   рисковáть

ЧАШЕЧКА ГОРЯЧЕЙ ВОДЫ, ХОЛОДНОЕ ОБЛИВАНИЕ, БАНЯ И НЕСКОЛЬКО КИЛОГРАММОВ ЯБЛОК

СДЕЛАЮТ ЗИМУ КОРОЧЕ

ПОМОЖЕМ СЕБЕ!

С наступлением холодной погоды организм перестраивается на зиму. И чувствуешь себя не так бодро, как летом. «Но каждый может повысить свой тонус», — считает специалист по естественным средствам и методам лечения доктор Хельмут Браммер из Дипхольца (ФРГ). Если вы воспользуетесь некоторыми его советами, то перенесете зиму без потерь для здоровья.

Попробуем похудеть

В течение одной недели питайтесь только яблоками в неограниченном количестве. Так выводятся шлаки из организма, и вы, не голодая, можете похудеть почти на три килограмма.

Как вывести из организма вредные вещества

Выпивайте ежедневно два литра горячей воды. Утром прокипятите водопроводную воду в течение 10 минут и залейте ее в термос. Каждые полчаса в течение дня выпивайте маленькими глотками по одной чашке. Эта вода, не содержащая минеральных веществ, выводит из организма яды, нормализует кишечную флору.

Попытайтесь закаляться

Один раз в неделю посещайте сауну. Это лучшая профилактика от простуды. И если, несмотря на это, вы все же подхватите насморк, то он пройдет у вас через 4 дня (обычно он продолжается неделю).

Стресс можно предотвратить

Пойте, если утром едете на работу на машине. Во время перерывов на работе обливайте обе руки холодной водой, пока они не покроются мурашками. Это снижает повышенное давление. По вечерам гуляйте по полчаса, даже когда идет дождь. Все это естественным образом нейтрализирует стресс, который ослабляет сопротивляемость организма.

Обеспечьте себе здоровый сон

Температура в спальне не должна превышать 17°С. Спите по возможности при открытом окне или форточке (разогретый воздух сушит кожу). Тот, кто в зимние месяцы спит достаточно (минимум 8 часов в сутки), наполовину меньше рискует простудиться.

Не забудьте сделать прививки

Хронические больные (болезни сердца, диабет, астма) или люди с ослабленным здоровьем должны осенью сделать прививки от гриппа. Она защитит вас не только от вируса, но даст мощный импульс иммунной системе.

ПОЧТА И ПЕРЕПИСКА

УСТНЫЕ УПРАЖНЕНИЯ

Oral Drill 1 — (Post office vocabulary) Indicate you would like to send the following things.

Я бы хоте́л(а) отпра́вить авиаписьмо́ в США.
Эти кни́ги ⇨ ***Я бы хоте́л(а) отпра́вить эти кни́ги в США.***
Герма́ния ⇨ ***Я бы хоте́л(а) отпра́вить э́ти кни́ги в Герма́нию.***

Брази́лия
э́та кни́га
Калифо́рния
Москва́
Ки́ев
э́ти откры́тки
Евро́па
Южная Аме́рика
э́та посы́лка
Австрия
Австра́лия
Еги́пет

Oral Drill 2 — (Post office vocabulary) Ask how much it costs to send these items to various places using different types of postal services.

Ско́лько сто́ит отпра́вить письмо́ в США уско́ренной по́чтой?
Англия ⇨ ***Ско́лько сто́ит отпра́вить письмо́ в Англию уско́ренной по́чтой?***

Япо́ния
Фра́нция
обыкнове́нная по́чта
э́ти кни́ги
Герма́ния
Украи́на
авиапо́чта
Перу́
Оде́сса
откры́тка
США

Имя и фамилия ________________________________

Oral Drill 3 — (8.1 **посыла́ть/посла́ть**) Say that the following people always send letters, telegrams, or postcards.

Ко́стя всегда́ посыла́ет телегра́ммы.
Пи́сьма ⇨ *Ко́стя всегда́ посыла́ет пи́сьма.*
Я ⇨ *Я всегда́ посыла́ю пи́сьма.*

мы, вы, на́ши сосе́ди,
откры́тки, ты, Ва́ся,
я, тури́сты, телегра́ммы,
преподава́тель, я,
вы, ты, наш сосе́д

Oral Drill 4 — (8.1 **посыла́ть/посла́ть**) No one has sent what they planned to mail. Say they will send everything tomorrow.

— Вы посла́ли телегра́мму? ⇨ *— Мы пошлём телегра́мму за́втра.*
— Ольга посла́ла письмо́? ⇨ *— Она́ пошлёт письмо́ за́втра.*

Ко́стя посла́л кни́ги?
Ка́тя и Анна посла́ли откры́тки?
Ма́ша посла́ла пи́сьма?
Вы посла́ли откры́тку?

Oral Drill 5 — (8.1 **посыла́ть/посла́ть что кому́ куда́** and review of dative singular) Say to whom and where Zhenya sent letters.

Аме́рика ⇨ *Же́ня посла́л письмо́ в Аме́рику.*
Джон ⇨ *Же́ня посла́л письмо́ Джо́ну.*
Джон, Аме́рика ⇨ *Же́ня посла́л письмо́ Джо́ну в Аме́рику.*

Та́ня
Фра́нция
Та́ня, Фра́нция
америка́нский президе́нт
брита́нский премье́р-мини́стр
Ло́ндон
президе́нт
Эсто́ния
президе́нт, Эсто́ния
сестра́
Москва́
преподава́тель
Ки́ев

Oral Drill 6 — (8.1-8.2 **посыла́ть/посла́ть что кому́ куда́** and review of dative plural) Say that Vanya is sending letters not just to one person, but to everyone.

— Ва́ня посыла́ет письмо́ э́тому но́вому студе́нту? ⇨
— Он посыла́ет пи́сьма всем но́вым студе́нтам.
— Ва́ня посыла́ет письмо́ э́той тала́нтливой балери́не? ⇨
— Он посыла́ет пи́сьма всем тала́нтливым балери́нам.

Ва́ня посыла́ет письмо́...?
э́той тала́нтливой арти́стке
э́тому тала́нтливому арти́сту
э́тому бли́зкому дру́гу
э́тому ста́рому преподава́телю
э́той новой студе́нтке
э́той хоро́шей аспира́нтке
э́той учи́тельнице
э́тому ребёнку
э́тому но́вому сосе́ду
э́той сосе́дке

Oral Drill 7 — (8.3 **от** vs. **из** vs. **с**) Indicate what Sonya has received, and from where.

письмо́, Москва́ ⇨ ***Со́ня получи́ла письмо́ из Москвы́.***
откры́тка, ма́ма ⇨ ***Со́ня получи́ла откры́тку от ма́мы.***

посы́лка, Лос-Анджелес
бандеро́ль, Кана́да
пи́сьма, ста́рый сосе́д
откры́тки, бли́зкая подру́га
кни́га, ста́рший брат
письмо́, Аля́ска
телегра́мма, Мадри́д

Oral Drill 8 — (8.2 and 8.4 review of dative plural **скуча́ть по кому́/чему́**) Confirm the speaker's assumption that Vitya misses his friends, relatives, and things from home.

— Ви́те пло́хо без детей? ⇨ ***— Да, он скуча́ет по свои́м де́тям.***
— Ви́те пло́хо без роди́телей? ⇨ ***— Да, он скуча́ет по свои́м роди́телям.***

Ви́те пло́хо...
без бра́тьев, без сестёр,
без друзе́й, без знако́мых,
без книг, без стихо́в,
без уро́ков, без роди́телей,
без дочере́й, без сынове́й,
без дете́й, без сосе́дей

Oral Drill 9 — (8.5 **Все** vs. **всё**) Say that you almost forgot everything, or everybody.

Ой, мы чуть не забы́ли кни́ги! ⇨ ***Ой, мы чуть не забы́ли всё!***
Ой, мы чуть не забы́ли вас! ⇨ ***Ой, мы чуть не забы́ли всех!***

Мы чуть не забы́ли...
пи́сьма, дете́й, ве́щи, ма́рки, роди́телей, откры́тки, конве́рты, студе́нтов

Oral Drill 10 — (8.5 **весь**) Express surprise about the extent of what the speaker says.

— Мы наконе́ц прочита́ли э́ту кни́гу. ⇨ ***— Вы прочита́ли всю э́ту кни́гу?!***
— Мы посыла́ем э́ти пи́сьма. ⇨ ***— Вы посыла́ете все э́ти пи́сьма?!***

Мы говори́ли об э́тих пробле́мах.
Мы прочита́ли газе́ту.
Мы занима́лись э́тими ви́дами спо́рта.
Мы бы́ли со свое́й семьёй.
Мы рассказа́ли о свое́й семье́.
Мы прочита́ли э́тот рома́н.
Мы рассказа́ли об э́том рома́не.
Мы вы́учили наизу́сть э́то дли́нное стихотворе́ние.
Мы забы́ли э́ту информа́цию.
Мы вы́учили э́тот материа́л.

Oral Drill 11 — (8.5 Declension of **всё**) When asked what you do, say you do everything.

— Что ты смо́тришь? ⇨ ***— Я всё смотрю́!***
— О чём ты расска́зываешь? ⇨ ***— Я обо всём расска́зываю.***

Что ты чита́ешь?
О чём ты пи́шешь?
Чем ты занима́ешься?
Что ты лю́бишь де́лать?
О чём ты забо́тишься?
Чем ты интересу́ешься?
Что ты ви́дишь?

Oral Drill 12 — (8.5 Declension of **все**) Whatever you want to do,you want everybody involved. Because you want to involve everyone, your answer should be perfective.

— Кому́ ты бу́дешь расска́зывать о нас? ⇨ ***— Хо́чется всем рассказа́ть.***
— С кем ты бу́дешь говори́ть? ⇨ ***— Хо́чется со все́ми поговори́ть.***

Кому́ ты бу́дешь писа́ть?
О ком ты бу́дешь расска́зывать?
С кем ты бу́дешь встреча́ться?
Кого́ ты бу́дешь чита́ть?
Кому́ ты бу́дешь звони́ть?
О ком ты бу́дешь писа́ть?
Кого́ ты бу́дешь смотре́ть?
С кем ты бу́дешь говори́ть?

Oral Drill 13 — (8.5 **все** vs. **всё**) Indicate that you want to involve everything and everybody in whatever you are doing. Use perfective verbs in your response.

— Кому́ ты бу́дешь расска́зывать о нас? ⇨ ***— Хо́чется всем рассказа́ть!***
— Что ты бу́дешь чита́ть? ⇨ ***— Хо́чется всё прочита́ть!***

О чём ты бу́дешь писа́ть?
О ком ты бу́дешь расска́зывать?
Что ты бу́дешь смотре́ть здесь?
Кого́ ты бу́дешь чита́ть?
Что ты бу́дешь чита́ть?
О ком ты бу́дешь писа́ть?

Oral Drill 14 — (8.6 **Себя́**) Ira is extremely self-centered. Answer the questions so as to confirm that.

— Кому́ Ира посыла́ет кни́ги? ⇨ ***— Себе́.***
— С кем разгова́ривает Ира? ⇨ ***— С собо́й.***

У кого́ сейча́с живёт Ира?
Для кого́ Ира игра́ет на фле́йте?
О ком забо́тится Ира?
Кого́ лю́бит Ира?
Кому́ Ира пи́шет стихи́?
Кем интересу́ется Ира?

Oral Drill 15 — (8.7 "**ты** without **ты**" constructions) Indicate that it's impossible to do whatever the speaker asks about. Use perfective verbs in your responses.

— Мóжно заказáть разговóр с США сегóдня? ⇨
— Разговóр с США сегóдня не закáжешь.
— Мóжно понимáть Достоéвского без словаря́? ⇨
— Без словаря́ Достоéвского не поймёшь.

Мóжно...?
передáть рýсскую жизнь в письмé?
дéлать э́ти урóки без преподавáтеля?
писáть хорóшие стихи́, éсли плóхо знáешь язы́к?
понимáть фи́зику, éсли плóхо знáешь математи́ку?

Oral Drill 16 — (8.8 **считáться кем/чем**) Indicate the the speaker has made a correct assumption.

— Эта кни́га—библиографи́ческая рéдкость? ⇨
— Да, онá считáется библиографи́ческой рéдкостью.
— Этот дом—истори́ческое здáние? ⇨
— Да, он считáется истори́ческим здáнием.

Эта кни́га— извéстное произведéние?
Этот пиани́ст — талáнтливый музыкáнт?
Эти лю́ди— хорóшие экономи́сты?
Эта жéнщина— компетéнтный врач?
Эта дéвушка — отли́чная студéнтка?
Этот ромáн— хорóшая литератýра?

Oral Drill 17 — (Review of **чтóбы** + infinitive) Indicate that what the speaker assumes is true. Use perfective verbs in your answers.

— Мы посылáем посы́лку в Амéрику. Нáдо запóлнить тамóженный бланк? ⇨
— Да, чтóбы послáть посы́лку в Амéрику, нáдо запóлнить тамóженный бланк.
— Мы берём кни́гу в библиотéке. Нáдо показáть читáтельский билéт? ⇨
— Да, чтóбы взять кни́гу в библиотéке, надо показáть читáтельский билéт.

Мы готóвим салáт.
Нáдо купи́ть óвощи?
Мы звони́м в США.
Нáдо заказáть разговóр?
Мы читáем Достоéвского.
Нáдо купи́ть словáрь?
Мы берём э́ти кни́ги домóй.
Нáдо получи́ть разрешéние?
Мы посылáем телегрáмму.
Нáдо запóлнить бланк?
Мы éдем в США.
Нáдо получи́ть ви́зу?

Имя и фамилия ____________________

ПИСЬМЕННЫЕ УПРАЖНЕНИЯ

1. (8.1-8.2 - **посылать/послать что кому куда,** and review of accusative and dative cases) Natasha took a survey of people at the post office to find out what people sent, to whom, and where. Reconstruct her notes into complete sentences. The first one is done for you.

Михаил Иванович Гладков — книги — сестра — Рига ⇨
Михаил Иванович Гладков послал книги сестре в Ригу.

Анна Сергеевна Иванова — письмо — подруга — Москва

____

____

Кирилл Борисович Петров — письма — мать — Таллин

____

____

Наталья Николаевна Боброва — телеграмма — сын — Испания

____

____

Максим Васильевич Матвеев — подарок — брат — Киев

____

____

Катя Петрова — открытка — преподаватель — деревня

____

____

Костя Петров — книга — отец — Санкт-Петербург

____

____

Лидия и Юра Шолоховы — открытки — друзья — Мексика

____

____

2. (8.1-8.2 - **посылать/послать что кому куда** - personalized) Answer the questions in full sentences.

Кому вы посылаете открытки? Когда?

____

____

____

Кому вы посылаете письма? Как часто?

____

____

____

Американцы посылают телеграммы? Если да, кому и когда?

____

____

3. (8.1-8.2 review of dative plural and **послать**) A group of foreign students in Moscow will go to the post office tomorrow. Indicate who will be sending what to whom, as in the model.

Энн — телеграмма — родители ⇨

Энн пошлёт телеграмму родителям.

Джон — письма — друзья

____

Ребекка — письмо — подруги

____

Мария и Хосе — посылка — дети

____

Жаклин — книги — братья

____

Мин-Лин — подарки — сёстры

____

Жанна — открытки — новые студенты

____

Юрий и Сергей — статья — иностранные журналисты

____

Наташа — открытки — свои любимые преподаватели

____

Николай — открытка — этот интересный писатель

____

4. (8.3 **от** vs. **из** vs. **с**) Everyone received something in the mail today. Write complete sentences indicating who received what, and from whom or from where.

образец: **Костя — посылка — Франция** ⇨
Костя получил посылку из Франции.

Лариса — бандероль — Мексика

____

Дмитрий Иванович — письмо — Аляска

____

Екатерина Михайловна — подарок — свой муж

____

Ваня — книга — мать

____

Соня — открытка — Париж

____

Володя — телеграмма — своя младшая сестра

____

5. (8.3 **от** vs. **из** vs. **с** - personalized) Complete the sentences with information that makes sense and is true for you. Use one of the prepositions meaning *from* in each of your sentences.

Я редко получаю письма ________________________________.

Я часто получаю письма ________________________________.

Я никогда не получаю ________________________________.

Я люблю получать подарки ________________________________.

Ещё я люблю получать ________________________________.

Мои родители получили ________________________________.

Друзья иногда получают ________________________________.

Хочется получить ________________________________.

6. (8.5 **весь** vs. **все** vs. **всё**) **Стереотипы.**
   A. Andrei has a number of preconceived notions about Americans and American life. He wants to find out if they are true. Answer his questions, in Russian, in 1-2 sentences. To get you started, we've provided three possible structures for answering the first question. Complete one of them. Use these structures in your answers to the other questions as well. Avoid the words *many* and *some*.

всё = everything
весь = the

Все американцы читают по-английски? ⇨

Да, все американцы...

Нет, не все американцы...

Одни..., а другие...

____

____

____

Все дети в США изучают иностранный язык?

____

____

Вся Америка похожа на Калифорнию?

____

____

У всех есть телефон?

____

____

Во всех газетах пишут о политике?

____

____

В газете «Нью-Йорк Таймс» пишут обо всём?

____

____

В университетах можно обо всём говорить?

____

____

По телевизору можно всё показать?

____

____

Всем нравятся голливудские фильмы?

____

____

B. Many Americans also have preconceived notions about Russians and Russian life. Express the following questions in Russian, and then add three of your own. Try to use a form of the word **весь** in each of your questions.

Does everyone in the former Soviet Union (бывший Советский Союз) know Russian?

____

____

Do all children study a foreign language?

____

____

Three of your own questions (Remember to use what you know, not what you don't know. Use the questions in Exercise 6A as models.)

____

____

____

____

____

____

C. Discuss your questions in class. This is a good opportunity for your teacher to give you added insight into Russian culture.

7. (8.6 **себя́** + review of **свой** and **сам**) You'll be interpreting for a group of American tourists visiting the Winter Palace and the Hermitage in St. Petersburg tomorrow. In preparation for the day, prepare Russian equivalents of the following questions you expect the group to ask.

Did Peter (Пётр) himself live here?

____

Did Catherine (Екатерина) herself buy these paintings (картины)?

____

____

Did she buy them for herself?

____

Did she live here or in Moscow?

____

Do Russians frequently go to the museum, the Hermitage (Эрмитаж)?

____

____

Where is it possible to buy postcards with photographs of the museum?

Где можно ______________________________

____

Where is it possible to buy books with photographs of the Hermitage?

____

____

Is there a post office nearby?

____

I would like to send these books to myself at home.

____

____

8. (8.9 Addressing Letters) Your friend just returned from a trip to Russia. She wants to send cards to all her friends and has asked you to help address envelopes. Using the following page from her address book, address the

Leonid Bobrov
6 ul. Mirnaya, apt. 3
Lobnya, Moskovskaya obl.

Natalya Dovlatova
20/18 bul'var Rokossovskogo, apt. 19
Moscow 107150

Ilya Maksimov
1-a ul. Kirova, apt. 2
Barabinsk, Novosibirskaya obl. 632300

Nina Voronskaya
27 ul. Stoletova, apt. 76
Novosibirsk 630027

Aleksandr Yudin
ul. Yasnaya, apt. 27
Yekaterinburg 620086

envelopes.

Имя и фамилия ______________________________

9. (Pulling it all together) Express the following in Russian.

   Melissa and Ed are studying in Moscow. They love Moscow, but they miss their friends and family, and often write letters home.

   On Tuesday they went to the post office. Melissa wanted to send a telegram to her parents. And she had to buy stamps. Ed sent books to himself at home and a letter to his brother.

   ____

   ____

   ____

   ____

   ____

   ____

   ____

   ____

   ____

   ____

   ____

ДОПОЛНИТЕЛЬНЫЙ ТЕКСТ ДЛЯ ЧТЕНИЯ: ВАНЬКА

Ва́нька. This is an adapted version of a story by **Анто́н Че́хов** (1860-1904). Chekhov is well known both as a playwright and a master of the short story.
The story you are about to read, **Ва́нька**, is about a small boy taken from his home in the countryside to work as a cobbler's apprentice in Moscow after the death of his mother. There are no assignments to go with this text. We have included it for your reading pleasure.

Ва́нька Жу́ков, девятиле́тний ма́льчик, три ме́сяца тому́ наза́д° был о́тдан в уче́ние к сапо́жнику° Аля́хину. В ночь под Рождество́° Ва́нька не ложи́лся спать. Когда́ хозя́ева° ушли́, он доста́л° из шка́фа пузырёк с черни́лами° и ру́чку и стал писа́ть.	тому́ наза́д = наза́д cobbler Christmas masters got out ink
«Ми́лый° де́душка, Константи́н Мака́рыч! — писа́л он. — И пишу́ тебе́ письмо́. Поздравля́ю° вас с Рождество́м и жела́ю° тебе́ всего́ от **Го́спода Бо́га**. Не́ту у меня́ ни отца́ ни ма́меньки, то́лько ты у меня́ оди́н оста́лся»°.	dear congratulate wish **Lord God** remain
Ва́нька вздохну́л° и продолжа́л° писа́ть.	sighed continued
«А вчера́ хозя́ин меня́ бил° за то, что я кача́л° их ребёнка в лю́льке° и по нечя́янности° заснул.° Все надо мной смею́тся°. А еды́ не́ту никако́й. Утром даю́т хле́ба, в обе́д ка́ши,° а ве́чером то́же хле́ба. А когда́ их ребёнок пла́чет,° я не сплю, а кача́ю лю́льку. Ми́лый де́душка, **сде́лай ми́лость**, возьми́ меня́ отсю́да домо́й на дере́вню, не́ту никако́й мое́й возмо́жности... Кланя́юсь° тебе́ в но́жки и бу́ду ве́чно° Бо́гу моли́ться°, возьми́ меня́ отсю́да, а то умру́°...	beat rocked cradle accident fell asleep laugh at me porridge cries *lit.:* **Do me a kindness** I bow forever pray will die
Де́душка, ми́лый! Не́ту никако́й возмо́жности, про́сто смерть° одна́. Я хоте́л пешко́м на дере́вню бежа́ть,° да сапо́г° не́ту, моро́за бою́сь. А когда́ вы́расту° большо́й, то я бу́ду тебя́ корми́ть,° а когда́ умрёшь, я бу́ду **моли́ться за** тебя́, как молю́сь за ма́му.	death run boots grow up feed **pray for**
А Москва́ го́род большо́й. Лошаде́й° мно́го, а ове́ц° не́ту и соба́ки° не злы́е.°	horses sheep dogs mean
Ми́лый де́душка, а когда́ у ба́рышни° Ольги Игна́тьевны бу́дет ёлка,° возьми́ мне золо́ченый оре́х° и в зелёный сунду́к° спрячь.° Попроси́ у Ольги Игна́тьевны, скажи́, «для Ва́ньки».	young gentlewoman Christmas tree golden nut trunk hide
Ва́нька вздохну́л и опя́ть посмотре́л на окно́. Он вспо́мнил°, что за ёлкой° всегда́ ходи́л в лес° дед и брал с собо́й вну́ка. Весёлое бы́ло вре́мя! Когда́ ещё была́ жива́ Ва́нькина° мать и служи́ла° у ба́рышни,	remembered Christmas tree forest Vanya's worked

fed lollipops **count to a hundred** died orphan they brought	Ольга Игна́тьевна корми́ла° Ва́ньку леденца́ми° и вы́учила его чита́ть, писа́ть, **счита́ть до ста** и да́же танцева́ть кадри́ль. Когда́ же ма́ма умерла́,° сироту́° Ва́ньку привезли́° в Москву́.
have pity miserable beat eat struck	«Приезжа́й, ми́лый де́душка!» — продолжа́л Ва́нька, — Возьми́ меня́ отсю́да. Пожале́й° ты меня́, сироту́ несча́стную!° Меня́ бьют° и всегда́ ку́шать° хо́чется. А вчера́ хозяин меня́ так уда́рил,° что я упа́л. Твой внук Ива́н Жу́ков».
folded sheet inserted	Ва́нька сверну́л° испи́санный лист° и вложи́л° его́ в конве́рт. Он поду́мал немно́го и написа́л а́дрес:
	На дере́вню де́душке
scratched (his head) added ran out post box put in precious slot	Пото́м почеса́лся,° поду́мал и приба́вил°: «Константи́ну Мака́рычу». Пото́м он наде́л ша́пку, вы́бежал° на у́лицу, добежа́л до почто́вого я́щика° и су́нул° драгоце́нное° письмо́ в щель°...
lulled by hopes **hour later** soundly he dreamed of dream	Убаю́канный° сла́дкими наде́ждами,° он **час спустя́** кре́пко° спал. Ему́ сни́лась° дере́вня. Во сне° он ви́дел де́душку, кото́рый чита́ет его́ письмо́...

СЛОВАРЬ

Partitive genitive: даю́т хле́ба и ка́ши - they give me *some* bread and *some* cereal. Genitive case for direct objects often indicates the idea of "some."

Possessives ending in -ин: nicknames ending in **-а** or **-я** produce possessive modifiers by adding an **-ин** suffix plus the appropriate gender and case endings: **Ванька => Ва́нькина мать, Ва́нькин оте́ц, Ва́нькины роди́тели**, etc.

бить (бью, бьёшь) - to beat

вспомина́ть/вспо́мнить - to reminisce, to remember

вы́расту < вы́расти - to grow up. You have seen the irregular past tense **вы́рос, вы́росла, вы́росли**. The future tense is **вы́расту, вы́растешь, вы́растут**.

Госпо́дь - the Lord. This form limited to set phrases. The word for "God" in most contexts is **Бог**.

жела́ть (*кому́/чего́*) - wish something to someone: **жела́ю тебе́ всего́ лу́чшего** - I wish you all the best.

жив, жива́, жи́вы - alive (short-form adjective like **прав**)

засыпа́ть/засну́ть (засну́, заснёшь) - to fall asleep

злой - mean, evil

кача́ть - to rock

ка́ша - porridge

корми́ть (*кого́/что чем*) - : **Они корми́ли его́ леденца́ми.** - They fed him lollipops.

кре́пко - strongly; soundly: **Он кре́пко спал.** - He slept soundly.

ло́шадь - horse (gen. pl. **лошаде́й**)

моли́ться (молю́сь, мо́лишься, мо́лятся *кому за кого-что*) - to pray (to someone for someone): **Я бу́ду моли́ться за тебя́ Бо́гу** - I will pray to God for you.

наде́жда - hope

не́ту is a colloquial form of **нет** when **нет** indicates absence: **у меня́ не́ту отца́ = у меня́ нет отца́.**

овца́ - (gen. pl. **ове́ц**)

оди́н = alone: **Ты у меня́ оди́н оста́лся** - you alone are left for me. **Про́сто смерть одна́** - death alone.

пла́кать (пла́чу, пла́чешь)/за- to cry

под (*что*) - next to; on the eve of: **под Рождество́** - right before Christmas

поздравя́ть/поздра́вить (поздра́влю, -ишь *с чем*) - *lit.* to congratulate someone (on the occasion of a holiday: **поздравля́ю с Рождество́м** - I congratulate you on the occasion of Christmas (= "I wish you a Merry Christmas.")

продолжа́ть - to continue

пря́тать/с- (пря́чу, пря́чешь, пря́чут) - to hide (something)

служи́ть (служу́, слу́жишь) - to work; to serve

смерть (*fem.*) - death

смея́ться (смею́сь, смеёшься *над кем*) - to laugh (at someone): **смею́тся надо мной** - They laugh at me. (**над => надо** because of **<u>мн</u>ой**.)

сни́ться - to be dreamt. This verb is part of a dative construction: **Ему́ сни́лась дере́вня.** - He dreamed of the village. (*Lit.:* The village was dreamt to him.)

соба́ка - dog

с(о)н - sleep; dream: **ви́деть** (*кого́/что*) **во сне** - to see (something) in a dream; to dream about (something)

умира́ть/умере́ть (умру́, умрёшь; у́мер, умерла́, у́мерли) - to die

хозя́ин - master; lord of the house. Mistress of the house = **хозя́йка**. The plural is irregular: **хозя́ева**

ГОСТИНИЦА

ЧИСЛИТЕЛЬНЫЕ

Listen to five airport announcements, and fill in the chart below.

	Kind of Announcement *	Flight no., if any	Route
1			
2			
3			
4			
5			

* Pick one: arrival, check-in, boarding, announcement to individual passenger

УСТНЫЕ УПРАЖНЕНИЯ

Oral Drill 1 — (9.1 Dates) The employees of a Russian tour agency are going to New York next year as part of their work. They will go at different times. Based on the list of names and dates, indicate who is going when.

Анна - 3.02 ⇨ ***Анна е́дет тре́тьего февраля́.***
Серге́й - 12.08 ⇨ ***Серге́й е́дет двена́дцатого а́вгуста.***

Еле́на - 7.01
Влади́мир - 28.09
Евге́ния - 31.10
Алекса́ндр - 20.07
Али́на - 2.12
Кири́лл - 4.05
Мари́я - 16.03
Вади́м - 19.04
Софи́я - 10.11
Никола́й - 9.06

Oral Drill 2 — (9.2 Genitive plural: ending ⇨ no ending) A child visiting Moscow for the first time asks whether there are certain buildings there. Say that there are many.

— Здесь есть гости́ница? ⇨ ***— Да, здесь мно́го гости́ниц.***
— Здесь есть общежи́тие? ⇨ ***— Да, здесь мно́го общежи́тий.***

Здесь есть...
зда́ние? библиоте́ка?
общежи́тие? аудито́рия?
больни́ца? поликли́ника?
телеста́нция? лаборато́рия?

Oral Drill 3 — (9.2 Genitive plural: ending ⇨ no ending with fill vowel) Practice asking people how many of the following things they have.

Сосе́дка ⇨ ***Ско́лько у вас сосе́док?***
Письмо́ ⇨ ***Ско́лько у вас пи́сем?***

окно́, фо́рточка, ру́чка, блу́зка, руба́шка
студе́нтка, сестра́, до́чка, де́вочка

Oral Drill 4 — (9.2 Genitive plural: **ь ⇨ ей**) When asked where someone or something is, respond that there are none of those where you are.

— Где преподава́тель? ⇨ — ***Здесь нет преподава́телей.***
— Где секрета́рь? ⇨ — ***Здесь нет секретаре́й.***

Где...
библиоте́карь? писа́тель?
учи́тель? секрета́рь? слова́рь?
руководи́тель?

Oral Drill 5 — (9.2 Genitive plural: after **ш, ж, ч,** and **ч ⇨-ей**) When asked if one of the following things is here, say that there are five of them.

— Здесь оди́н врач? ⇨ — ***Нет, здесь пять враче́й.***
— Здесь оди́н каранда́ш? ⇨ — ***Нет, здесь пять карандаше́й.***

Здесь оди́н...?
сосе́д по ко́мнате
гара́ж
врач
каранда́ш
ключ

Oral Drill 6 — (9.2 Genitive plural: **-ов / -ев / -ёв**) When the person at the hotel desk asks about the profession or nationality of some people, say that there's a whole group of them.

— Это бизнесме́ны? ⇨ — ***Да, э́то гру́ппа бизнесме́нов.***
— Это америка́нцы? ⇨ — ***Да, э́то гру́ппа америка́нцев.***

Это ...
архите́кторы? бухга́лтеры?
журнали́сты? музыка́нты?
программи́сты? ме́неджеры?
продавцы́? худо́жники? не́мцы?
мастера́? профессора́? япо́нцы?
францу́зы? кита́йцы?

Oral Drill 7 — (9.2 Genitive plural: **-ов / -ев / -ёв**) During a tour of Irkutsk, the guide tells you about many of the buildings in the town. In each instance, ask how many of them there are.

— У нас ма́ленькие и больши́е ба́нки. ⇨ ***— Ско́лько у вас ба́нков?***
— У нас хоро́шие теа́тры. ⇨ ***— Ско́лько у вас теа́тров?***

У нас ...
больши́е стадио́ны
но́вые бассе́йны
изве́стные институ́ты
дороги́е универма́ги
прекра́сные рестора́ны
хоро́шие музе́и

Oral Drill 8 — (9.2 Genitive plural: special cases and exceptions) Ask how many of the following things are here.

Роди́тели ⇨ ***Ско́лько здесь роди́телей?***
Семья́ ⇨ ***Ско́лько здесь семе́й?***

сын, брат, дя́дя, тётя, де́ти, роди́тели, друг, стул, мо́ре, пла́тье, ту́фли, носки́, сосе́д

Oral Drill 9 — (9.2 Genitive plural) Say that Sasha does not have any of the following things.

— У Са́ши есть брю́ки? ⇨ ***— Нет, у него́ нет брюк.***
— У Са́ши есть кни́ги? ⇨ ***— Нет, у него́ нет книг.***

У Са́ши есть ...
газе́ты? журна́лы? руба́шки?
джи́нсы? столы́? сту́лья?
карандаши́? ру́чки? чемода́ны?
докуме́нты? ви́зы? биле́ты?
фру́кты? о́вощи? перча́тки?

Oral Drill 10 — (9.2 Genitive plural) When you are told that various people have certain relatives, ask how many.

— У Ле́ны есть бра́тья. ⇨ ***— Ско́лько у неё бра́тьев?***
— У Вади́ма есть тёти. ⇨ ***— Ско́лько у него́ тётей?***

У Ми́ши есть дя́ди.
У Ка́ти есть сыновья́.
У Вади́ма есть до́чери.
У Ната́ши есть сёстры.
У преподава́теля есть де́ти.
У меня́ есть бра́тья и сёстры.
У Кири́лла есть дя́ди и тёти.

Oral Drill 11 — (9.2 Genitive plural of modifiers and nouns) When asked where certain people are, say that you do not know the whereabouts of the group.

— Где америка́нские студе́нты? ⇨ ***— Я не зна́ю, где гру́ппа америка́нских студе́нтов.***
— Где неме́цкие врачи́? ⇨ ***— Я не зна́ю, где гру́ппа неме́цких враче́й.***

Где францу́зские ме́неджеры?
Где кита́йские тури́сты?
Где австри́йские инжене́ры?
Где ира́нские преподава́тели?
Где брази́льские библиоте́кари?
Где чили́йские медсёстры?
Где кана́дские спортсме́ны?

Oral Drill 12 — (9.2 Genitive plural) In response to questions about whether various things and people used to be here, say no.

— Здесь бы́ли рестора́ны? ⇨ ***— Нет, здесь не́ было рестора́нов.***
— Здесь бы́ли ру́сские тури́сты? ⇨ ***— Нет, здесь не́ было ру́сских тури́стов.***

Здесь бы́ли ...
популя́рные музыка́нты?
молоды́е балери́ны?
больши́е гости́ницы?
нау́чные институ́ты?
ма́ленькие общежи́тия?
секре́тные лаборато́рии?
на́ши чемода́ны?

Oral Drill 13 — (9.3 Adjectives after numbers) Say Alla has the indicated number of the following things.

ру́сско-англи́йский слова́рь, 2 ⇨ ***У Аллы два ру́сско-англи́йских словаря́.***
новые книги , 2 ⇨ ***У Аллы две но́вые кни́ги.***

хоро́шие сосе́дки, 2
бли́зкие друзья́, 2
мла́дшие сёстры, 2
интере́сные преподава́тели, 4
но́вые блу́зки, 3
но́вые газе́ты, 4
но́вые журна́лы, 4

Oral Drill 14 — (9.4 Accusative plural) Ask whether the person you just met has seen the following things and people.

Но́вые студе́нты ⇨ *Вы ви́дели но́вых студе́нтов?*
Но́вые журна́лы ⇨ *Вы ви́дели но́вые журна́лы?*

интере́сные фи́льмы
молоды́е лю́ди
ру́сские ме́неджеры
ста́рые друзья́
францу́зские газе́ты
после́дние но́вости
на́ши журна́лы
на́ши препода́ватели
хоро́шие ко́мики
но́вые коме́дии
э́ти писа́тели

Oral Drill 15 — (9.5 - arriving on foot) When asked if various people are here, say they'll soon arrive.

— Дире́ктор уже́ здесь? ⇨ *— Нет, но он ско́ро придёт.*
— Ка́тя уже́ здесь? ⇨ *— Нет, но она́ ско́ро придёт.*

Де́ти уже́ здесь?
Профессора́ уже́ здесь?
Ма́стер уже́ здесь?
Ната́ша уже́ здесь?

Oral Drill 16 — (9.5 - arriving and departing) When asked if various people have arrived, say that they immediately left. Assume that they come and go the same way (that is, on foot or by vehicle).

— Ма́стер пришёл? ⇨ *— И сра́зу ушёл.*
— Та́ня прие́хала? ⇨ *— И сра́зу уе́хала.*

Ки́ра пришла́?
Ко́стя пришёл?
Ка́тя прие́хала?
Со́ня пришла́?
Макси́м прие́хал?

Oral Drill 17 — (9.5 departing by vehicle, plus review of days of week) Tell on what days these groups and people will be leaving the hotel.

Гру́ппа бизнесме́нов - вто́рник ⇨ *Гру́ппа бизнесме́нов уезжа́ет во вто́рник.*
Мы - суббо́та ⇨ *Мы уезжа́ем в суббо́ту.*

Анна и Кири́лл - понеде́льник
францу́зские тури́сты - среда́
гру́ппа студе́нтов - воскресе́нье
вы - четве́рг
э́тот преподава́тель - вто́рник
я - пя́тница

Oral Drill 18 — (9.5 Arriving and departing, and review of times) The store where Zinaida works has a staggered schedule. Based on the notes, tell what time people arrive and depart. Everyone walks.

Зинаи́да - 8, 5 ⇨ *Зинаи́да прихо́дит в 8 часо́в и ухо́дит в 5 часо́в.*
Константи́н - 9, 6 ⇨ *Константи́н прихо́дит в 9 часо́в и ухо́дит в 6 часо́в.*

Алик - 10, 7
Ле́на - 11, 8
Вади́м - 12, 9
Валенти́на - 8, 3
Са́ша - 7, 4
Воло́дя - 9, 2

Oral Drill 19 — (9.5 Arriving and departing by vehicle, and review of dates) The hotel has a number of group bookings for the coming year. Based on the notes, tell who is expected to arrive and depart on what dates. The groups are of course not walking from town to town, but going by some vehicle.

Америка́нцы - 3.01, 8.01 ⇨
Америка́нцы приезжа́ют тре́тьего января́ и уезжа́ют восьмо́го.
Францу́зы - 28.01, 4.02 ⇨
Францу́зы приезжа́ют два́дцать восьмо́го января́ и уезжа́ют четвёртого февраля́.

япо́нцы - 7.03, 18.03
брази́льцы - 26.04, 5.05
не́мцы - 30.06, 3.07
кана́дцы - 22.08, 1.09
мексика́нцы - 25.10, 4.11
испа́нцы - 23.12, 4.01

Имя и фамилия ________________________________

Oral Drill 20 — (New verb: **лете́ть,** and review of accusative case for direction) Say where these people are flying, based on the cues.

Мы лети́м в Кана́ду.
Ты ⇨ *Ты лети́шь в Кана́ду*
Ки́ев ⇨ *Ты лети́шь в Ки́ев.*

Кири́лл
Москва́
Росси́я
вы
Оде́сса
Воро́неж
э́ти студе́нты
э́та гру́ппа
я

Имя и фамилия ______________________________

ПИСЬМЕННЫЕ УПРАЖНЕНИЯ

1. (9.1 Dates) Mary worked as a tour guide last year. Based on her notes below, write complete sentences indicating where she was on the dates listed. Write numbers as words. The first one is done for you.

   19.03 - Новгород

   Девятнадцатого марта Мэри была в Новгороде.

   10.06 - Киев

   ____

   7.07 - Москва

   ____

   31.01 - Владивосток

   ____

   20.04 - Суздаль

   ____

   8.02 - Владимир

   ____

   4.06 - Ялта

   ____

   12.09 - Одесса

   ____

   29.11 - Иркутск

   ____

   11.12 - Санкт-Петербург

   ____

   Review the list of cities and dates above, and circle the names of all the cities you have visited.
   On a map find the location of all the cities in the list. Be prepared to show where they are in class.
   In which cities did Mary probably have warm weather? In which cities did she probably have cold weather?

Имя и фамилия ______________________________

2. (9.1 Dates - Personalized) Answer the questions in full sentences.

Какого числа вы родились?

____

Какого числа родился ваш отец?

____

Какого числа родилась ваша мать?

____

Write 5 more complete sentences, giving the birthdays of 5 more family members or friends.

____

____

____

____

____

____

Имя и фамилия ______________________________

3. (9.2 Genitive Plural) In preparation for an interview with a representative of the Voronezh city council, prepare to ask how many of the following institutions there are in the town. The first one is done for you.

институт *Сколько у вас институтов?*

библиотека ______________________________

гараж ______________________________

общежитие ______________________________

поликлиника ______________________________

музей ______________________________

универмаг ______________________________

ресторан ______________________________

кафе ______________________________

кафетерий ______________________________

больница ______________________________

бассейн ______________________________

кино ______________________________

стадион ______________________________

телестанция ______________________________

банк ______________________________

лаборатория ______________________________

школа ______________________________

магазин ______________________________

кино ______________________________

театр ______________________________

4. (9.2 Genitive plural - personalized) Write a short paragraph about your city, in which you indicate how many of the institutions and buildings listed in Written Exercise 3 (above) you have. You do not need to mention every word listed in Exercise 3, but use at least 6 of them.
Besides numbers, you may want to use some of these quantity words:

много - несколько - мало

Since you are writing a paragraph and not merely a list of sentences, you will need to consider your organization before you begin. Make sure your paragraph has a definite beginning, middle, and end.

5. (9.2 Genitive Plural) How would you ask whether the following people have the things in question?

образец: **новые студенты - книги** ⇨ *У новых студентов есть книги?*

американские туристы - документы

____

новые учительницы - хорошие идеи

____

эти молодые люди - ключи

____

немецкие врачи - визы

____

ваши друзья - билеты

____

его младшие братья - хобби

____

ваши старшие сёстры - работа

____

8 эти хорошие музыканты - новая программа

____

6. (9.2 Genitive plural) Write 10 truthful and grammatically correct sentences by combining one element from each of the columns below. Do not change word order, but do change the endings on the modifiers and nouns where necessary.

У	наши соседи мои сёстры мои братья наши родители американские студенты русские семьи я	есть нет	маленькие дети хорошие дети сыновья и дочери интересные хобби хорошие общежития близкие друзья братья и сёстры большие квартиры новые платья

____

____

____

____

____

____

____

____

____

____

____

____

____

____

____

____

____

____

____

Имя и фамилия ________________________________

7. (9.4 Accusative plural) Write 10 true and grammatically correct sentences by combining one element from each column. Do not change word order, but do change endings on the modifiers, nouns, and verbs where necessary. You may add time expressions (e.g., **всегда, каждый день, вчера**) if you wish.

я	любить	новые музыканты
наш преподаватель	смотреть	новости по телевизору
все дети в США	знать	все профессора
все дети в России	видеть	хорошие новые фильмы
мой брат	слушать	современные режиссёры
моя сестра	терять/по-	большие гостиницы
наши родители		мультфильмы
наши соседи		документальные фильмы
		ключи от комнаты

8. (Review of Going Verbs **ходить - идти / пойти, ездить - ехать / поехать**. Refer to p. ??? in the Textbook.) Fill in the blanks with the needed verb. Remember the difference between short distances (on foot) and longer distances (by vehicle).

1. — Галя! Куда ты ____________________________?
are going

— На вокзал! Я сегодня ____________________________ в Иркутск.
am going

— В Сибирь? Ты часто ____________________________ в Сибирь?
go

— Да, в Сибирь я ____________________________ довольно часто.
go

— Мы с мужем ____________________________ туда год назад.
went

2. — Зинаида Павловна! Здравствуйте! Вы ____________________________ на работу?
are going

— Нет, я в библиотеку ____________________________.
am going

— А вы знаете, я туда только что ____________________________. Она сегодня закрыта.
went

— Тогда, может быть, ____________________________ в институт.
I'll go

9. (9.5 Verbs of coming and going) Answer the question by stating the opposite of the assumption given.

образец: — Вы ушли на работу в пять часов вчера?

— Нет, в пять часов я *пришёл (пришла)* с работы.

1. — Вы приходите на работу в два часа?

   — Нет, в два часа я ______________________________ с работы.

2. — Вы приехали в Москву раньше всех?

   — Нет, я ______________________________ из Москвы раньше всех.

3. — Вы обычно уходите из университета в шесть часов?

   — Нет, в шесть часов я ______________________________ в университет.

4. — Вы уезжаете из Москвы 23-го января?

   — Нет, 23-го января я ______________________________ в Москву.

5. — Вы придёте на лекцию в десять часов?

   — Нет, в десять часов я ______________________________ с лекции.

10. (9.5 verbs of coming and going - personalized) On a separate sheet of paper, write a letter introducing yourself to Natasha, telling her some information about your family (1 paragraph), and some information about your daily schedule (1 paragraph). Conclude by telling her what you would like her to write about in her response. Include at least 4 verbs of motion and at least 4 other verbs in your letter.

11. (Pulling it all together) Kevin has asked you to translate his letter to Natasha. Use a separate sheet of paper.

Dear Natasha,

Thank you for your letter, in which you ask me to tell you more about my work. As you know, I work at a restaurant not far from my house. I walk to work. On Monday I arrive at work at three o'clock and leave at eight. On Tuesday and Thursday I arrive at seven o'clock and leave at ten. My sister works with me on Thursday, but she leaves earlier, at nine o'clock.

When we have vacations I don't work. A week ago I went with my family to Florida. We arrived in Miami on Wednesday morning, and left Sunday evening. We had a good time, and stayed at a beautiful small hotel.

Thank you for your letter. Write again soon!

Best,

Kevin

12. (Pulling it all together) On returning to his hotel, Ed found that all his belongings were missing. Reconstruct the sentences below to indicate what he said at the hotel desk.

У/я/большой/проблема.

____

Я/не/мочь/найти/свой/вещи.

____

Когда/я/выйти/в/три/час,/мой/вещи/были/в/номер.

____

Но/когда/я/вернуться,/мой/вещи/не было.

____

Теперь/у/я/нет/чемодан.

____

У/я/нет/одежда.

____

Нет/рубашки,/брюки,/свитера,/туфли.

____

Ещё/у/я/нет/деньги!

____

Что/вы/посоветовать/я/делать?

____

How should the person at the hotel desk help Ed? Write 3-5 sentences that you think this person might say in response to Ed's request for advice.

____

____

____

____

____

ДОПОЛНИТЕЛЬНЫЙ ТЕКСТ ДЛЯ ЧТЕНИЯ

СЕРДЦА ТРЁХ (condensed from a story by **Михаи́л Зо́щенко**)

Михаи́л Зо́щенко (1895-1958) began writing in 1920. A prolific writer of humor and satire, he was extremely popular both inside and outside the Soviet Union during the early Soviet period. Most of his stories, like the one adapted here, are very short pieces that focus on a particular situation narrated in colloquial language. Attacks on his work in 1943 and 1946 were emblematic of the political pressures that had been exerted on Soviet writers since the 1930s. The 1946 vilification of Zoshchenko and Akhmatova, and their subsequent expulsion from the Union of Soviet Writers, marked the beginning of the extremely repressive period in Soviet Russian literature known as the Zhdanov era. Zoshchenko was rehabilitated after Stalin's death.

Characters: This story is easy to follow as long as you keep the characters straight:

an engineer and his wife

the wife's lover, an artist

the engineer's neighbor

the engineer's old girlfriend from his childhood days — from the city of Rostov

Verbal adverbs. This story contains many verbal adverbs. Verbal adverbs are just that: adverbs made from verbs, which answer the questions "how," "when," or "why." Russian has two kinds of verbal adverbs, present (imperfective) and past (perfective). Here's what you can expect to see:

Imperfective verbal adverbs denote action that occurs simultaneously with the main verb of the sentence. They are often rendered "while doing something."

Находя́сь на ю́ге, она́ устро́ила рома́н.	*While staying* in the south, she had an affair. She had an affair *when*? *While staying* in the south.
Беспоко́ясь, что жены́ нет, он вы́шел на у́лицу.	*Worrying* that his wife was gone, he came out onto the street. He came out onto the street *why*? Because he was *worrying*

Forms:

Imperfective verbal adverbs come from present tense verbs. Replace the **они́**-form ending **-ют** or **-ят** with **-я**. Verbs with the **-ся** particle end in **-ясь**:

жела́ют "they wish"	**жела́я**
говоря́т	**говоря́**
нахо́дятся	**находя́сь**

Perfective verbal adverbs denote action that occurred before the main verb in the sentence. They are often rendered as "having done something:"

Худо́жник, **узна́в**, что жена́ ушла́ от му́жа, встре́тил её хо́лодно.	The artist, *having found out* the wife left her husband, greeted her coldly.
Муж, **позабы́в** об объявле́нии, не ду́мал о нём.	The husband, *having forgotten* about the announcement, didn't think about it.

Forms:

Replace the past tense **-л** with **-в.** There are no gender endings.

узна́л	**узна́в**
встре́тил	**встре́тив**

For verbs with the **-ся** particle, add **шись:**

встре́тился	**встре́тившись**

Verbs with irregular past tenses in **-ёл (пришёл, ушёл)** do not use the past tense as the basis for their formation, but rather are formed from the future tense: **придя́, уйдя́.**

Имя и фамилия ______________________________

СЕРДЦА ТРЁХ

Позво́льте° рассказа́ть о заба́вном° фа́кте.

allow amusing

Оди́н ленингра́дский инжене́р о́чень люби́л свою́ жену́. **То́ есть,** вообще́ говоря́,° он **относи́лся к ней** дово́льно равноду́шно,° но когда́ она́ его́ бро́сила,° он почу́вствовал к ней пы́лкую° любо́вь. Это быва́ет у мужчи́н.

that is to say speaking **felt about her** indifferently abandoned passionate

Она́ же не о́чень его́ люби́ла. И, находя́сь° в э́том году́ на одно́м из ю́жных куро́ртов,° устро́ила там весьма́° легкомы́сленный° рома́н° с одни́м худо́жником.

finding herself resorts extremely frivolous romance

Муж, случа́йно° узна́в об э́том, пришёл в негодова́ние.° И когда́ она́ верну́лась домо́й, он, **вме́сто того́, что́бы расста́ться с ней и́ли помири́ться**, стал терза́ть° её сце́нами° ре́вности.°

accidentally distress **instead of parting with her or making up** torment scenes jealousy

Она́ нигде́ не рабо́тала, **тем не ме́нее**, она́ реши́ла от него́ уйти́.

nevertheless

И в оди́н прекра́сный день, когда́ муж ушёл на рабо́ту, **не жела́я объясне́ний и драм**, она́ взяла́ чемода́н со свои́м гардеро́бом и ушла́ к свое́й подру́ге, что́бы у неё вре́менно° пожи́ть.

wanting no explanations or dramatic scenes temporarily

И в тот же день она́ повида́лась со свои́м худо́жником и рассказа́ла ему́, что с ней.

Но худо́жник, узна́в, что она́ ушла́ от му́жа, встре́тил её кра́йне° хо́лодно. И да́же **име́л наха́льство** заяви́ть,° что на ю́ге быва́ют одни́ чу́вства, а на се́вере други́е.

extremely **had the gall** to declare

Они́ не поссо́рились,° но попроща́лись° **в вы́сшей сте́пени** хо́лодно.

quarrel said good-bye **very**

Ме́жду тем° муж, узна́в, что она́ ушла́ и́з дому с чемода́ном, пришёл в огорче́ние.° То́лько тепе́рь он по́нял, как пла́менно° её лю́бит.

meanwhile agitation passionately

Он обега́л° всех её родны́х и заходи́л во все дома́, где она́, по его́ мне́нию,° могла́ находи́ться, но нигде́ её не нашёл.

ran around to see opinion

Его́ **бу́рное отча́яние смени́лось** меланхо́лией, о чём он заяви́л одному́ сосе́ду по кварти́ре. Сосе́д отве́тил:

— Я вам дам хоро́ший сове́т: напеча́тайте° объявле́ние в газе́те: де́скать° (как в таки́х слу́чаях пи́шется), люблю́ и по́мню, верни́сь, я твой, ты моя́ **и так да́лее**. Она́ это прочтёт° и неме́дленно вернётся, поско́льку° се́рдце же́нщины **не мо́жет устоя́ть про́тив печа́ти**.

stormy despair was replaced by publish so-to-say **and so forth** will read inasmuch as **cannot withstand the power of the press**

Этот сове́т **нашёл живе́йший о́тклик в изму́ченной душе́** инжене́ра и он действи́тельно помести́л° своё объявле́ние: «Мару́ся,

found a lively resonance in the tormented soul of placed

will forgive

верни́сь, я всё прощу́».°

paid attention
horror will appear

За э́то объявле́ние инжене́р заплати́л три́дцать пять рубле́й. Но когда́ он заплати́л де́ньги, он **обрати́л внима́ние** на да́ту и пришёл в у́жас,° узна́в, что его́ объявле́ние поя́вится° то́лько че́рез пятна́дцать дней.

out of respect for his misery
took off having designated

Он стал объясня́ть, что он не велосипе́д продаёт и что он не мо́жет так до́лго ждать. И они́ **из уваже́ния к его́ го́рю** сба́вили° ему́ четы́ре дня, назна́чив° объявле́ние на 1 а́вгуста.

the day after turning in the ad
had the good fortune
under no circumstances add
to the lease mom=ма́ма
if you like

Ме́жду тем **на друго́й день по́сле сда́чи объявле́ния** он **име́л сча́стье** уви́деться с жено́й и объясни́ться. Он ей сказа́л:

— Семь лет я ни за что не хоте́л пропи́сывать° ва́шу мама́шу° в на́шей второ́й ко́мнате, но е́сли вы тепе́рь вернётесь, я её, пожа́луй,° так и пропишу́.

agreement
stood his ground

Она дала́ согла́сие° верну́ться, но хоте́ла, что́бы он прописа́л та́кже её бра́та. Но он **упёрся на своём** и согласи́лся приня́ть то́лько её мама́шу, кото́рая туда́ через не́сколько часо́в и перее́хала.

had the indiscretion

Два и́ли три дня у них шло всё о́чень хорошо́. Но пото́м жена́ **име́ла неосторо́жность** встре́титься со свои́м портрети́стом.

displayed
tenderness again
flared up torment himself
suffer

Худо́жник, узна́в, что она верну́лась к му́жу, прояви́л° к ней исключи́тельную не́жность.° Он сказа́л ей, что его́ чу́вства сно́ва° вспы́хнули° как на ю́ге и что он тепе́рь опя́ть бу́дет му́читься° и страда́ть,° что она́ всё вре́мя нахо́дится с му́жем, а не с ним.

spent (time) happy
satisfied

Весь ве́чер они провели́° вме́сте и бы́ли о́чень сча́стливы° и дово́льны.°

worrying gates
was leading by the arm

Муж, беспоко́ясь,° что её так до́лго нет, вы́шел к воро́там.° Тут у воро́т он уви́дел худо́жника, кото́рый **по́д руку вёл** его́ жену́.

lit.: under the impression of the
passionate words
to stay

Тогда́ жена́ сно́ва ушла́ от му́жа и, находя́сь **под впечатле́нием пы́лких слов** худо́жника, пришла́ к нему, что́бы у него́, е́сли он хо́чет, оста́ться.°

showed no burning desire for this
inconsistent
one thing...another thing marriage

Но портрети́ст **не прояви́л к э́тому горя́чего жела́ния**, сказа́в, что он челове́к непостоя́нный,° что сего́дня ему́ ка́жется одно́, за́втра друго́е, и что **одно́ де́ло** — любо́вь, а **друго́е де́ло** — бра́к,° и что он бы хоте́л обду́мать э́тот вопро́с

Тогда́ она́ поссо́рилась с худо́жником и оста́лась жить у подру́ги.

having been sad unexpectedly
calmed down girlfriend from
his childhood

Между тем её муж, погорева́в° не́сколько дней, неожи́данно° уте́шился,° встре́тив **подру́гу своего́ де́тства** из Росто́ва.

У них и ра́ньше что-то намеча́лось,° но тепе́рь, находя́сь в одино́честве,° он почу́вствовал к ней большу́ю скло́нность° и предложи́л° ей посели́ться° у него́.	had been about to happen loneliness attraction suggested move
В о́бщем° ро́вно° через оди́ннадцать дней вы́шло злосча́стное° объявле́ние.	all in all exactly ill-fated
Сам муж, позабы́в о нём, не **при́нял во внима́ние** э́тот день. Но его́ жена́, томя́сь° у подру́ги, прочита́ла объявле́ние и была́ поражена́° и обра́дована.°	**paid no attention** languishing surprised pleased
«Всё-таки, — поду́мала она, — он меня́ лю́бит. В ка́ждой его́ стро́чке° я ви́жу его́ страда́ние.° И я верну́сь к нему́, поско́льку худо́жник большо́й наха́л° и я сама́ винова́та».°	line (of print) suffering scoundrel at fault
Не бу́дем волнова́ть чита́телей дальне́йшим описа́нием.° Ска́жем то́лько, что появле́ние° жены́ с газе́той в рука́х бы́ло **равноси́льно разорва́вшейся бо́мбе.**	description appearance **equal to an exploded bomb**
Муж, перебега́я° от одно́й же́нщины к друго́й, не мог дать ско́лько-нибудь удовлетвори́тельных° объясне́ний.	running back and forth satisfactory
Жена́ с презре́нием° сказа́ла, что **е́сли бы не э́то объявле́ние**, она́ бы не верну́лась. Подру́га из Росто́ва сказа́ла, что е́сли инжене́р дал тако́е объявле́ние с публи́чным описа́нием свои́х чувств, то он до́лжен был бы подожда́ть како́го-нибудь результа́та.	loathing **if it hadn't been for that ad**
В о́бщем о́бе° же́нщины, дру́жески обня́вшись,° ушли́ от инжене́ра **с тем, что́бы** к нему́ не возвраща́ться.	both having hugged each other **with the intention of**
Оста́вшись° в кварти́ре вме́сте с мама́шей, инжене́р **впал в бу́рное отча́яние**, и **неизве́стно, чем бы э́то всё ко́нчилось**, е́сли бы не верну́лась к нему́ его́ подру́га из Росто́ва.	having remained **fell into stormy despair it is unknown how all would have ended**
Пра́вда, на друго́й день к нему́ хоте́ла верну́ться та́кже и жена́, но узна́в от свое́й ма́мы, что молода́я же́нщина из Росто́ва опереди́ла° её, оста́лась у подру́ги.	had gotten there ahead (of her)
Подру́га **устро́ила её на рабо́ту** в психиатри́ческой лече́бнице,° и она́ неда́вно **вы́шла за́муж** за одного́ из психиа́тров. И сейча́с она́ дово́льна° и сча́стлива.°	**got her a job** clinic **got married** satisfied happy
Худо́жник, узна́в о её сча́стье,° горячо́ поздравля́л° её с но́вой жи́знью и попроси́л разреше́ния° поча́ще у неё быва́ть.	happiness congratulated permission
Что каса́ется объявле́ний, то медли́тельность° э́того де́ла ника́к не **отвеча́ет тре́бованиям жи́зни**. Тут на́до **по кра́йней ме́ре** в ше́сть раз скоре́е.	**as far as ... is concerned** slow pace **corresponds to life's demands** **at least**

Имя и фамилия ____________________________

СЛОВАРЬ

дово́лен, дово́льна, дово́льны - satisfied (*short-form adjective*)

заявля́ть / заяви́ть - to declare

име́ть - to have (usually something abstract): **име́ть сча́стье** - to have the good fortune; **име́ть неосторо́жность** - to have the indiscretion (to do something)

ме́жду тем - meanwhile

объявле́ние - announcement; classified advertisement

оста́ться - to stay

поско́льку - inasmuch as

прийти (*во что*) - to become (+ an emotion): **Он пришёл в ужас.** - *Lit.:* He came into horror = He became horrified.

пропи́сывать/прописа́ть - *Here:* to add someone's name to a house lease. *During the Soviet period one had to have a* ***пропи́ска***, *ermission for residence from the local authorities. Out-of-towners with family members living in the big cities would often pressure them to add them to the apartment lease, thus making them legal city residents.*

проче́сть (прочту́, прочтёшь, прочёл, прочла́) = прочита́ть

пы́лкий - passionate

ссо́риться / по- to quarrel

сча́стлив, -а, -ы - happy (*short-form adjective*)

сча́стье - happiness, good fortune

чу́вство - feeling

В ГОСТЯХ

ЧИСЛИТЕЛЬНЫЕ

Listen to each of the sentences on tape. Jot down the time that the following functions will occur, using the 24-hour clock:

1. Chekhov lecture ____________________
2. Valentina's party ____________________
3. Plane to Voronezh ____________________
4. Train to Sochi ____________________
5. TV game show ____________________
6. Football match ____________________
7. Rock Concert ____________________
8. What time is it now? ____________________

УСТНЫЕ УПРАЖНЕНИЯ

Oral Drill 1 — (10.1 Holiday greetings) Wish someone happy holiday on the following holidays. Use the specific holiday greeting if there is one.

Но́вый год ⇨ ***С Но́вым го́дом!***
Америка́нский день незави́симости ⇨ ***С пра́здником!***

Рождество́
Па́сха
Ха́нука
день рожде́ния
Но́вый год
День благодаре́ния

Oral Drill 2 — (10.2 **отмеча́ть, встреча́ть**) Ask some Russian friends how the following holidays are celebrated in Russia.

Рождество́ ⇨ ***Как у вас отмеча́ют Рождество́?***

день рожде́ния
Ха́нука
Но́вый год
Па́сха

Oral Drill 3 — (10.3 Proposing toasts) Offer a simple toast to the following people.

Ле́на ⇨ ***За Ле́ну!***
На́ши го́сти ⇨ ***За на́ших госте́й!***

Ка́тя, Ната́лья Никола́евна, Вади́м, Алекса́ндр Миха́йлович, на́ша прекра́сная хозя́йка, наш но́вый друг, на́ши друзья́, все ру́сские студе́нты, на́ши го́сти, ребя́та, на́ши сосе́ди, все на́ши преподава́тели

Oral Drill 4 — (10.4 Invitations) Imagine that you are living in Moscow. With your roommate, invite your Russian teacher, who also lives in Moscow, to your place for the following things.

Ве́чер ⇨ ***Приходи́те к нам на ве́чер!***
Ужин ⇨ ***Приходи́те к нам на у́жин!***

день рожде́ния Ка́ти
обе́д
америка́нский пра́здник
ве́чер
го́сти

Oral Drill 5 — (10.4 Invitations) Imagine that you are talking with Russian friends on the telephone. Invite them to the following places.

Шта́ты ⇨ ***Приезжа́йте в Шта́ты!***
Сан-Франци́ско ⇨ ***Приезжа́йте в Сан-Франци́ско***

Алаба́ма
Аля́ска
Нью-Йо́рк
Канза́с
Калифо́рния

Oral Drill 6 — (10.4 Invitations) Imagine that you are in St. Petersburg. The cues indicate where several of your good friends are. How would you invite each person to come visit you?

Алла в Москве́. ⇨ ***Приезжа́й в го́сти***
Са́ша в Санкт-Петербу́рге. ⇨ ***Приходи́ в го́сти!***

Ко́стя в Ри́ге.
Ве́ра в Санкт-Петербу́рге.
Алёша в Ки́еве.
Ла́врик в Оде́ссе.
Со́ня в Санкт-Петербу́рге.

Oral Drill 7 — (10.5 Clock time: telling time on the half hour). When asked if something happened on the hour, say that it happened a half hour later.

— Ви́тя ушёл в 10? ⇨ ***— Нет, в полови́не оди́ннадцатого.***

Ви́тя ушёл..?
в 11, в 12, в 1, в 2, в 3, в 4, в 5, в 6,
в 7, в 8, в 9

Oral Drill 8 — (10.5 Clock time: telling time on the right side of the clock). Restate the official times in conversational style.

— Уро́к начина́ется в 15.30? ⇨ ***— Да, в полови́не четвёртого.***

Уро́к начина́ется..?
в 15.05, в 15.10, в 15.15, в 15.20, в 15.25

Oral Drill 9 — (10.5 Clock time: telling time on the left side of the clock). Restate the official times in conversational style.

— Ваш рейс в 12.40? ⇨ — Да, без двадцати́ час.

Ваш рейс..?
в 12.45, в 12.50, в 12.55, в 12.40, в 12.35

Oral Drill 10 — (10.5 Clock time: telling time off the hour). Restate the following times in conversational style.

Сейча́с 13.05. ⇨ *Сейча́с пять мину́т второ́го.*

Сейча́с...
13.10, 13.15, 13.25, 13.30, 13.45, 13.50,
14.05, 14.15, 14.45, 15.20, 15.30, 15.40,
15.45, 15.55

Oral Drill 11 — (10.6 Location and direction, and review of prepositional and genitive cases) When asked if various people are going to specific places, say they were already there.

— Ко́стя идёт в библиоте́ку? ⇨ *— Нет, он уже́ был в библиоте́ке.*
— Студе́нты иду́т на по́чту? ⇨ *— Нет, они́ уже́ бы́ли на по́чте*
— Анна идёт к преподава́телю? ⇨ *— Нет, она́ уже́ была́ у преподава́теля.*

Ната́ша идёт в университе́т?
Ва́ня идёт в шко́лу?
Друзья́ иду́т на ве́чер?
Де́ти иду́т к ба́бушке?
Кири́лл идёт домо́й?
Ка́тя идёт на рабо́ту?
Алёша идёт к друзья́м?
Юра идёт к Вади́му?

Oral Drill 12 — (10.6 Location and direction, and review of accusative and dative cases) Say you are going to see the people or to the places indicated.

Ва́ся. ⇨ *Мы идём к Ва́се.*
Уро́к. ⇨ *Мы идём на уро́к.*

Кири́лл, рабо́та, университе́т, ле́кция, роди́тели, друзья́, наш друг, бале́т, францу́зский рестора́н, ве́чер, Ла́ра, Ма́рья Ива́новна, по́чта, ста́рая библиоте́ка, ле́кции, на́ша сосе́дка, Васи́лий Петро́вич

Oral Drill 13 — (10.6 Location and direction, and review of prepositional and genitive cases) When asked if you are coming from a particular place, say that that's where you were.

— Вы идёте из магази́на? ⇨ ***— Да, мы бы́ли в магази́не.***
— Вы идёте от На́сти? ⇨ ***— Да, мы бы́ли у На́сти.***

Вы идёте ..?
из рестора́на, от роди́телей, с рабо́ты,
с кни́жного ры́нка, от Васи́лия,
с ве́чера, из шко́лы, из общежи́тия,
от Ната́ши

Oral Drill 14 — (10.6 Location and direction, and review of genitive case) When asked if you were at a particular place, say that that's where you've just arrived from.

— Вы бы́ли у друзе́й? ⇨ ***— Да, мы то́лько что пришли́ от друзе́й.***
— Вы бы́ли в магази́не? ⇨ ***— Да, мы то́лько что пришли́ из магази́на.***
— Вы бы́ли на ле́кции? ⇨ ***— Да, мы то́лько что пришли́ с ле́кции.***

Вы бы́ли..?
у Ка́ти, на рабо́те, на у́лице,
в университе́те, на бале́те,
в кино́, у сосе́дей, на ле́кции,
в теа́тре, в рестора́не,
у на́шего преподава́теля,
на по́чте, на ве́чере, в кафе́,
на стадио́не, у дру́га, в библиоте́ке

Oral Drill 15 — (10.6 Location and direction) Express great surprise at the information given about Alla, by asking the speaker to repeat it.

— Алла была́ в Ло́ндоне. ⇨ ***— Где она́ была́?!***
— Алла идёт из магази́на. ⇨ ***— Отку́да она́ идёт?!***
— Алла е́здила на Аля́ску. ⇨ ***— Куда́ она́ е́здила?!***

Алла ходи́ла на ве́чер.
Алла была́ в Теха́се.
Алла пришла́ с рабо́ты.
Алла ушла́ в университе́т.
Алла прие́хала в Москву́.
Алла прие́хала из Ки́ева.
Алла учи́лась в Герма́нии.
Алла пошла́ на стадио́н.

Oral Drill 16 — (10.6 Location and direction, and review of genitive and dative pronouns) Answer yes to all the questions, using pronouns as in the models.

— Ко́ля был у సосе́дей? ⇨ ***— Да, он у них был.***
— Со́ня идёт к сосе́ду? ⇨ ***— Да, она́ к нему́ идёт.***
— Аня пришла́ от Ко́сти? ⇨ ***— Да, она́ от него́ пришла́.***

Де́ти бы́ли у ба́бушки?
Кла́ра была́ у вас?
Преподава́тель был у Ива́на?
Ко́стя был у роди́телей?
Ла́ра ходи́ла к роди́телям?
Ди́ма ходи́л к Ка́те?
Студе́нты иду́т к своему́ преподава́телю?
Роди́тели ходи́ли к тебе́?
Со́фья пришла́ от Вади́ма?
Курт пришёл от Ла́ры и Макси́ма?
Друзья́ пришли́ от Ната́ши?
Ва́ня пришёл от вас?

Oral Drill 17 — (10.6 Location and direction) Answer yes to the questions, using adverbs.

— Фе́дя учи́лся в Москве́? ⇨ ***— Да, он там учи́лся.***
— Вы опозда́ли на уро́к? ⇨ ***— Да, мы туда́ опозда́ли.***
— Алексе́й ушёл с ве́чера? ⇨ ***— Да, он отту́да ушёл.***

Та́ня рабо́тает в рестора́не?
Ле́на спеши́т на ле́кцию?
Яша ходи́л в рестора́н?
Ребя́та ушли́ из библиоте́ки?
Со́ня пришла́ с ве́чера?
Вади́м пошёл на рабо́ту?
Алекса́ндра у́чится в университе́те?
Кири́лл е́здил в Москву́?

Oral Drill 18 — (10.7 Making hypotheses) The guests at the party would have prepared something if only they had known there was going to be such a feast.

Та́ня ⇨
Если бы Та́ня зна́ла, что бу́дет тако́й пир, она́ бы пригото́вила что́-нибудь.
Мы ⇨ ***Если бы мы зна́ли, что бу́дет тако́й пир, мы бы пригото́вили что́-нибудь.***

Гри́ша
студе́нты
на́ша сосе́дка
Ми́ша
Са́ша и Со́ня
Кири́лл
Аля
я

Oral Drill 19 — (10.7 Making hypotheses) When you are asked if something happened or if something is true, say that if it had happened or if it were true, everything would be fine.

— Ва́ся пригласи́л вас на ве́чер? ⇨
— Если бы Ва́ся пригласи́л меня́ на ве́чер, всё бы́ло бы хорошо́.
— Вы купи́ли инде́йку? ⇨ ***— Если бы я купи́л(а) инде́йку, всё бы́ло бы хорошо́.***

У вас есть де́ньги?
Сосе́ди звони́ли?
Пого́да вчера́ была́ хоро́шая?
Пого́да сего́дня хоро́шая?
Мо́жно игра́ть в те́ннис?
Ната́ша предложи́ла тост?
Го́сти вы́пили за хозя́йку?
Всем ве́село?

Oral Drill 20 — (10.7 Making hypotheses) The speaker reports a fact and a consequence of it. Point out how things could be different, if only...

Нет вре́мени. Поэ́тому мы не придём к вам. ⇨
Но е́сли бы бы́ло вре́мя, мы бы пришли́ к вам.
Вы не предложи́ли тост. Поэ́тому мы не вы́пили. ⇨
Но е́сли бы вы предложи́ли тост, мы бы вы́пили.

Ты не бу́дешь де́лать оши́бки. Поэ́тому преподава́тель их не бу́дет исправля́ть.
У Ка́ти нет де́нег. Поэ́тому она́ не пое́дет в Росси́ю.
Вы не пригласи́те Макси́ма к себе́. Поэ́тому он не придёт.
Пого́да нехоро́шая. Поэ́тому Ва́ня не купа́ется.
Роди́тели не звони́ли. Поэ́тому Са́ша не пригласи́л их на ве́чер.

Имя и фамилия ___________________________________

Oral Drill 21 — (10.8 **друг дру́га**) Say that the people asked about always do things with (and for) each other. Answer in full sentences.

— **Кому́ сосе́ди принесли́ пода́рки?** ⇨ — ***Они́ принесли́ пода́рки друг дру́гу.***
— **Куда́ хо́дят сосе́ди?** ⇨ — ***Они́ хо́дят друг к дру́гу.***

Кого́ лю́бят роди́тели?
С кем бы́ли сосе́ди вчера́?
У кого́ сосе́ди беру́т кни́ги?
Кому́ помога́ют сосе́ди?
О ком говоря́т сосе́ди?
Кого́ и́щут сосе́ди на вокза́ле?
За кого́ сосе́ди всегда́ пьют?
К ого́ сосе́ди лю́бят?

Oral Drill 22 — (New verb - **приноси́ть/принести́**) When asked what various people are bringing to the party, say that they usually bring pie, but this time they'll bring cake.

— **Что вы прино́сите на ве́чер?** ⇨
— ***Обы́чно я приношу́ пиро́г, но на э́тот раз принесу́ торт.***
— **Что прино́сит Аня на ве́чер?** ⇨
— ***Обы́чно она́ прино́сит пиро́г, но на э́тот раз она́ принесёт торт.***

Что прино́сят Ко́стя и Алла на ве́чер?
Что прино́сит Со́ня на ве́чер?
Что ты прино́сишь на ве́чер?

Oral Drill 23 — (New verb - **принести́**) When asked if various people forgot things, say that they brought them.

— **Вы забы́ли торт?** ⇨ — ***Нет, мы его́ принесли́.***
— **Во́вка забы́л пода́рок?** ⇨ — ***Нет, он его́ принёс***

Аня забы́ла пиро́г?
Кири́лл забы́л пи́ццу?
Со́фья и Ла́ра забы́ли мя́со?
Сла́ва забы́л фру́кты?
Сосе́дка забы́ла шампа́нское?

Имя и фамилия ________________________________

ПИСЬМЕННЫЕ УПРАЖНЕНИЯ

1. (10.1 **С праздником!**) On the small sheets of paper outlined below, prepare holiday greeting cards for the following purposes. Use your best handwriting.

    1. A birthday card for a Russian friend
    2. A New Year's card for a Russian teacher
    3. A Christmas card for a Russian neighbor
    4. A Hannukah card for another Russian neighbor

2. (10.2 **встречать, отмечать**) Translate the following questions into Russian. Then answer them.

1. Where did you celebrate New Year's this year?

____

____

____

2. Where will you celebrate New Year's next year?

____

____

____

3. How do you usually celebrate New Year's?

____

____

____

4. Where did you celebrate your birthday last year?

____

____

____

5. How do you usually celebrate your birthday?

____

____

____

3. (10.3 Making toasts) You have been asked to serve as an interpreter at a party for Russian visitors to your town. The hosts plan to offer several toasts. In preparation for the evening, write out what you will say to make toasts to the people indicated.

    1. все наши русские гости

       ____

    2. Елена Владимировна Шолохова

       ____

    3. Кирилл Максимович Максимов

       ____

    4. их студенты

       ____

    5. руководитель группы

       ____

4. (10.3 Making toasts - personalized) Imagine that the members of your Russian class are planning a party. In preparation, write out five toasts to propose.

    1. ____
    2. ____
    3. ____
    4. ____
    5. ____

5. (10.4 Making invitations) On the small sheets of paper outlined below, write brief invitations to the following people for the indicated events.

Invite your Russian teacher to visit your house.

Invite Sonya (a friend from Moscow) to visit your home

Invite your Russian friends Anya and Kostya for dinner on Friday.

Invite a Russian neighbor to a party on Saturday.

6. (10.6 Location and direction, and review of dates) On the basis of the following notes from Kurt's calendar, write sentences indicating places he went last month and when. Since all the trips within the city were round trips, use the verb **ходил** for them. One sentence is already done for you.

МАЙ

1	*библиотека, вечер*	16	
2		17	
3	*книжный магазин, балет*	18	*музей, Мария Петровна*
4	*Соня и Вадим*	19	
5		20	*ГУМ*
6		21	
7	*лекция, Большой театр*	22	*кино*
8		23	
9	*книжный рынок*	24	
10		25	
11		26	*лекция, спортивный зал*
12		27	
13		28	*Красная площадь*
14	*родители*	29	
15		30	*преподаватель*

Первого мая он ходил в библиотеку и на вечер.

____

____

____

____

____

____

____

____

7. (10.5 Location and direction) Rephrase five of the sentences you wrote for Exercise 6 to indicate where Kurt was on the days in questions, rather than where he went. The first one is done for you.

   Первого мая он был в библиотеке и на вечере.

   ____

   ____

   ____

   ____

   ____

   ____

   ____

8. (10.6 Location and direction) Write 10 questions asking what time Kurt returned home from the various places he went to. Two questions are done for you, as models.

   Во сколько Курт вернулся из библиотеки?
   Когда он вернулся с вечера?

   ____

   ____

   ____

   ____

   ____

   ____

   ____

Имя и фамилия ____________________________

9. (10.6 Location and direction - personalized) **Что вы делали на прошлой неделе?** Write a paragraph telling what you did last week, specifying on which days you did the various things. Indicate at least 5 places or people you went to see, and at least 5 places or people's houses where you were. Tell what time you returned home from at least 3 of the places.

10. (10.7 Making hypotheses) Check the hypothetical statements. Leave the "real" statements unmarked.

______If the Russian tourists had arrived on Saturday, we would have had a party that night.

______Since they arrived only on Sunday, we planned the party for next Friday.

______If the weather is nice, we'll have the party outdoors.

______If the woman who planned the tour were going to be in town, we could invite her too.

______Since the party may be noisy, we'll invite our neighbors so they won't complain.

______If we don't have champagne, it will be less expensive.

______If the American guests had not been studying Russian, it would be difficult for them to get to know the Russians.

______If we don't have an official interpreter, the American guests who have been studying Russian can do the interpreting.

______If we knew how many guests there will be, we could order the food today.

11. (10.7 Making hypotheses) Check the hypothetical statements. Leave the "real" statements unmarked.

______Так как Саша и Лора опоздали на вечер, они не слышали первый тост.

______Если бы они пришли вовремя, они бы знали, что Юра предложил тост за хозяйку дома.

______Саша не знал об этом, и он тоже поднял тост за неё.

______Если бы никто не предлагал тост за хозяйку, было бы невежливо.

______Так как было весело, гости решили устроить вечер ещё раз, на будущей неделе.

______Если будет хорошая погода, пикник будет на улице.

______А если погода будет неприятная, вечер будет у Саши и Лоры.

______Если бы Саша вспомнил, что он должен поехать в Киев на будущей неделе, он бы не приглашал гостей на вечер.

12. (10.7 Making hypotheses) The opening clauses in the following passage are in order, but the closing clauses have been mixed up. In the blank at the end of each opening clause, write the number of its closing clause. Then place an asterisk to the left of the opening clauses of all the *hypothetical* statements.

Если бы у Славы и Киры было время,_____	1 они решили пригласить только некоторых друзей на обед.
Если бы они устроили такой большой вечер,_____	2 они, наверное, принесут продукты.
Так как у них мало времени,_____	3 они бы устроили большой вечер.
Если их американские друзья Тед и Рич придут на вечер,_____	4 Славе и Кире интересно и легко с ними разговаривать.
Если бы Слава и Кира не познакомились с этими американцами,_____	5 было бы трудно, потому что Слава и Кира плохо знают английский.
Если Тед и Рич придут,_____	6 они бы пригласили всех своих знакомых.
Так как Тед и Рич хорошо говорят , по-русски_____	7 они приготовят пиццу.
Если бы эти американцы не знали русский,_____	8 они бы не умели готовить пиццу.

13. (10.7 Making hypotheses - personalized) Answer each of the following hypothetical questions with a complete sentence.

Если бы вы устроили вечер, кого бы вы пригласили?

____

Какие продукты вы бы купили на вечер?

____

____

Если бы вы были на вечере с вашими друзьями, за кого вы бы предложили тост?

____

____

14. (Pulling it all together.) Render the conversation below into Russian. Try to translate the expressions in boldface as closely as possible. For other parts of the conversation, simply convey the general meaning. DO NOT TRANSLATE WORD FOR WORD! Render the ideas, using Russian with which you are familiar.

Sandy: Zhanna, **I'd like to invite** you **to celebrate the New Year** with us. After all, you've never been to an American New Year's party.
Zhanna: That's right. Remember, **last year** *you* were in Russia, and we celebrated New Year's Eve at my house!
Sandy: Yeah, I remember how much fun I had. **You had invited all my friends.**
Zhanna: So, when does it begin?
Sandy: Come at 9:00 or so. **We're inviting** about 10 people.
Zhanna: You mean you don't **want me to come earlier** and help cook? I mean, 10 people is a lot of people to cook for!
Sandy: So who's planning to cook? Maybe **if I were in Russia, I would cook** a big dinner. But here everything's a lot simpler. We'll have a few sandwiches, and wine and champagne.
Zhanna: Well, I could bring some champagne.
Sandy: No, really. That's okay.
Zhanna: But what about gifts? What sort of presents **should I bring?**
Sandy: This is New Year's Eve, not Christmas. We don't **give each other gifts.**
Zhanna: So it's on this Friday at 9:00? It's a date!

15. (Review of Verbs and Time Expressions) Express the following questions in Russian. Then answer them briefly, giving at least three different activities for each week.

1. What did you do last week?

____

____

____

____

2. What will you do next week?

____

____

____

____

ДОПОЛНИТЕЛЬНЫЙ ТЕКСТ ДЛЯ ЧТЕНИЯ: ПАРИ

The pros and cons of capital punishment is an age-old discussion. Here is Chekhov's account of a bet (**пари́**) over the merits of life imprisonment versus capital punishment. This story has been slightly condensed.

I

Была́ тёмная° осе́нняя ночь. Ста́рый банки́р ходи́л у себя́ в кабине́те из угла́° в у́гол и вспомина́л°, как пятна́дцать лет **тому́ наза́д**, о́сенью, он дава́л ве́чер. На э́том ве́чере бы́ло мно́го у́мных° люде́й и вели́сь° интере́сные разгово́ры. Ме́жду про́чим,° говори́ли о **сме́ртной ка́зни**. Го́сти, среди́° кото́рых бы́ло нема́ло учёных и журнали́стов, в большинстве́° **относи́лись к сме́ртной ка́зни отрица́тельно**. Они́ находи́ли э́тот **спо́соб наказа́ния** устаре́вшим,° неприго́дным° для христиа́нских госуда́рств и безнра́вственным.° По мне́нию° не́которых° из них, сме́ртную казнь **сле́довало бы замени́ть пожи́зненным заключе́нием**.

dark · corner · reminisced · **= наза́д** · intelligent · were conducted · by the by · **capital punishment** · among · in the majority · **felt negatively about capital punishment** · **method of punishment** · old fashioned · unsuitable · immoral · opinion · several · **should be replaced with life imprisonment**

— Я с ва́ми не согла́сен,— сказа́л хозя́ин°-банки́р. Я не про́бовал° ни сме́ртной ка́зни, ни пожи́зненного заключе́ния, но е́сли мо́жно суди́ть° a priori, то по-мо́ему, сме́ртная казнь нра́вственнее и гума́ннее заключе́ния. Казнь убива́ет° сра́зу, а пожи́зненное заключе́ние ме́дленно. Како́й пала́ч° челове́чнее°? Тот ли, кото́рый убива́ет вас в не́сколько мину́т, или тот, кото́рый **вытя́гивает из вас** жизнь **в продолже́ние мно́гих лет**?

host · tried out · to judge · kills · executioner · more humane · **pulls from you** · **over a period of many years**

— **То и друго́е** одина́ково° безнра́вственно,— заме́тил° кто́-то из госте́й, — потому что име́ет° одну́ и ту же цель° — **отня́тие жи́зни**. Госуда́рство — не Бог.° Оно́ не **име́ет пра́ва** отнима́ть° **то, чего́** не мо́жет верну́ть, е́сли захо́чет.

both the former and the latter · remarked · has · goal · **the taking of life** · God · **has the right** · to take · **that which**

Среди́° госте́й находи́лся оди́н юри́ст, молодо́й челове́к лет двадцати́ пяти́. Когда́ спроси́ли его́ мне́ния, он сказа́л:

— И сме́ртная казнь, и пожи́зненное заключе́ние одина́ково° безнра́вственны, но е́сли бы мне предложи́ли вы́брать° ме́жду ка́знью и пожи́зненным заключе́нием, то, коне́чно, я бы вы́брал второ́е. **Жить как-нибудь лу́чше, чем ника́к**.

among · equally · to choose · **to live by any means is better than none at all**

Подня́лся° оживлённый° спор.° Банки́р вдруг кри́кнул°:

— Непра́вда! **Держу́ пари́** на два миллио́на, что вы не вы́сидите° в казема́те° и пяти́ лет.

— Если это серьёзно,— отве́тил ему юри́ст,— то держу́ пари́, что вы́сижу не пять, а пятна́дцать.

— Пятна́дцать? Идёт!° — кри́кнул банки́р. — Господа́,° я

arose · lively · argument · shouted · **I wager** · *lit.:* to sit out · prison cell · **= договори́лись** · gentlemen

Имя и фамилия ________________________________

wager	ста́влю° два миллио́на!
	— Согла́сен! Вы ста́вите миллио́ны, а я свою́ свобо́ду! —
	сказа́л юри́ст.
pacing	И тепе́рь банки́р, шага́я° из угла́ в у́гол, вспомина́л всё э́то и
	спра́шивал себя́:
for what usefulness **from the fact that**	— К чему́° это пари́? Кака́я по́льза° **от того́, что** юри́ст
will throw away	потеря́л пятна́дцать лет жи́зни, а я бро́шу° два миллио́на? Мо́жет
to prove	ли э́то доказа́ть° лю́дям, что сме́ртная казнь ху́же или лу́чше
on my part	пожи́зненного заключе́ния? Нет и нет. **С мое́й стороны́** это была́
whim of a self-satisfied person	**при́хоть сы́того челове́ка**, а со стороны́ юри́ста — проста́я
greed	а́лчность° к деньга́м...
about that which had occurred	Да́лее вспомина́л он **о том, что** произошло́° по́сле
described serve (time)	опи́санного° ве́чера. Решено́ бы́ло, что юри́ст бу́дет отбыва́ть° своё
under the strictest supervision	заключе́ние **под строжа́йшим надзо́ром** в одно́м из до́миков,
= договорились	постро́енных в саду́ банки́ра. Усло́вились,° что в продолже́ние
deprived of the right to step across the	пятна́дцати лет он бу́дет **лишён пра́ва переступа́ть поро́г** до́мика,
threshold	ви́деть живы́х люде́й, слы́шать челове́ческие голоса́ и получа́ть
it was permitted to have	пи́сьма и газе́ты. Ему́ разреша́лось° име́ть° музыка́льный
	инструме́нт, чита́ть кни́ги, писа́ть пи́сьма, пить вино́ и кури́ть таба́к.
suffered	В пе́рвый год заключе́ния юри́ст си́льно страда́л° от
loneliness	одино́чества° и ску́ки. Из его́ до́мика постоя́нно днём и но́чью
sounds abstained	слы́шались зву́ки° роя́ля! Он отказа́лся° от вина́ и табаку́: нет
	ничего́ скучне́е, как пить хоро́шее вино́ и никого́ не ви́деть. А таба́к
ruins air	по́ртит° в его́ ко́мнате во́здух°. В пе́рвый год юри́сту посыла́лись
mainly content	кни́ги преиму́щественно° лёгкого содержа́ния°: рома́ны со сло́жной
criminal	любо́вной интри́гой, уголо́вные° и фантасти́ческие расска́зы,
etc. (**и тому подо́бное**)	коме́дии и т.п.°
was silenced	Во второ́й год му́зыка уже смо́лкла° в до́мике, и юри́ст
demanded	тре́бовал° то́лько кла́ссиков. В пя́тый год сно́ва послы́шалась
prisoner **watched**	му́зыка, и заключённый° попроси́л вина́. Те, кото́рые **наблюда́ли**
over him	**за ним**, говори́ли, что весь э́тот год он то́лько ел, пил и лежа́л на
yawned angrily	посте́ли, ча́сто зева́л,° серди́то° разгова́ривал сам с собо́ю. Книг он
towards	не чита́л. Иногда́ по ноча́м он сади́лся писа́ть, писа́л до́лго и **под**
morning ripped to shreds all that had	**у́тро разрыва́л на клочки́ всё напи́санное**. Слы́шали **не раз**, как
been written **more than once** cried	он пла́кал.°
took up	Во второ́й полови́не шесто́го го́да заключённый за́нялся°
	изуче́нием языко́в, филосо́фией и исто́рией.
= потом motionless	Зате́м° по́сле деся́того го́да юри́ст неподви́жно° сиде́л за
only	столо́м и чита́л одно́° то́лько Еванге́лие.
extremely	В после́дние два го́да заключе́ния юри́ст чита́л чрезвыча́йно°
indiscriminately . - first	мно́го **без вся́кого разбо́ра. То** он занима́лся
..... then.. natural	есте́ственными° нау́кам, **то** тре́бовал Ба́йрона или Шекспи́ра.

II

Стари́к банки́р вспомина́л всё э́то и ду́мал:

«За́втра в двена́дцать часо́в он получа́ет свобо́ду. Я до́лжен бу́ду уплати́ть ему́ два миллио́на. Если я уплачу́, я оконча́тельно° разорён°...» Пятна́дцать лет тому́ назад он **не знал счёта свои́м миллио́нам**, тепе́рь же он боя́лся спроси́ть себя́, чего́ бо́льше — де́нег или долго́в°? Аза́ртная° би́ржевая° игра́, риско́ванные спекуля́ции и горя́чность° **ма́ло по ма́лу привели́ в упа́док его дела́**.

totally
broke **could not even count his millions**
debts chancy stock-market (adj.)
hotheadedness **little by little had brought him to financial ruin**

— Прокля́тое° пари́! — бормота́л° стари́к. — Заче́м же э́тот челове́к не у́мер°? Ему́ ещё со́рок лет. Он возьмёт с меня́ после́днее, же́нится,° бу́дет наслажда́ться° жи́знью... Нет, э́то сли́шком! Еди́нственное спасе́ние° — смерть° э́того челове́ка!

damned muttered
died
will marry enjoy
solution death

Проби́ло° три часа́. В до́ме все спа́ли. Стара́ясь° не издава́ть ни зву́ка, он доста́л° из шка́фа ключ от две́ри, кото́рая не открыва́лась в продолже́ние пятна́дцати лет, наде́л° пальто́ и вы́шел и́з дому.

the clock struck trying
took out
put on

В саду́ бы́ло темно́ и хо́лодно. Шёл дождь. В ко́мнате заключённого **ту́скло горе́ла свеча́**. Сам он сиде́л у стола́. Видны́° бы́ли то́лько его́ спина́, во́лосы на голове́ да ру́ки. На столе́, на двух кре́слах и на ковре́ бы́ли раскры́тые° кни́ги.

Прошло́ пять мину́т и заключённый **ни ра́зу** не шевельну́лся.° Банки́р постуча́л° па́льцем в окно́, но заключённый не отве́тил. Тогда́ банки́р **вложи́л ключ в замо́чную сква́жину** и вошёл в ко́мнату. Заключённый спал. **Пе́ред его́ склонённою голово́й** на столе́ лежа́л лист бума́ги, на кото́ром бы́ло что-то напи́сано ме́лким° по́черком.°

a candle burned dimly visible
opened
not once move
knocked
inserted the key into the keyhole
In front of his inclined head
small handwriting

«Жа́лкий° челове́к! — поду́мал банки́р — Спит и, вероя́тно,° **ви́дит во сне** миллио́ны! **А сто́ит мне слегка́ придуши́ть его́ поду́шкой**, и эксперти́за° не найдёт зна́ков наси́льственной° сме́рти. Одна́ко° прочтём° снача́ла, что он тут написа́л.

pitiful most likely
lit.: **sees in a dream I have only to choke him lightly with a pillow** autopsy
violent nevertheless let's read

Банки́р взял со стола́ лист и прочёл сле́дующее:

«За́втра в двена́дцать часо́в дня я получа́ю свобо́ду. Но, пре́жде чем оста́вить° э́ту ко́мнату и уви́деть со́лнце, я **счита́ю ну́жным** сказа́ть вам не́сколько слов. **По чи́стой со́вести** и **пе́ред Бо́гом**, кото́рый ви́дит меня́, заявля́ю° вам, что я презира́ю° и свобо́ду, и жизнь, и здоро́вье, и **всё то, что** в ва́ших кни́гах называ́ются **бла́гами ми́ра**.

to leave behind **consider it necessary**
by my pure conscience **before God**
declare detest
all that which
earthly comforts

Пятна́дцать лет я внима́тельно° изуча́л жизнь. Пра́вда, я не ви́дел ни земли́,° ни люде́й, но в ва́ших кни́гах я пил арома́тное вино́, пел пе́сни, люби́л же́нщин... В ва́ших кни́гах я **взбира́лся на верши́ны** Эльбруса и Монбла́на и ви́дел отту́да, как по утра́м

attentively
earth
scaled the peaks

rose filled sky	восходи́ло° со́лнце и как по вечера́м залива́ло° оно́ не́бо°, океа́н и
moutain tops crimsoned gold	**го́рные верши́ны багря́ным зо́лотом**. Я ви́дел зелёные леса́, поля́,
singing of the sirens	ре́ки, озёра, города́, слы́шал **пе́ние сире́н**... В ва́ших кни́гах я
made miracles killed burned	**твори́л чудеса́**, убива́л,° сжига́л° города́,
preached **conquered entire king-doms**	пропове́довал° но́вые рели́гии, **завоёвыва́л це́лые ца́рства**...
wisdom	Ва́ши кни́ги да́ли мне му́дрость.° Я зна́ю, что я умне́е вас всех. Вы
along the wrong road lies	идёте **не по той доро́ге**. Ложь° вы принима́ете за пра́вду и
ugliness have exchanged sky earth	безобра́зие° за красоту́. Вы променя́ли° не́бо° на зе́млю.° Я не хочу́
	понима́ть вас.
deed **loathing of that by which**	Что́бы показа́ть вам на де́ле° **презре́ние к тому́, чем**
you live decline	**живёте** вы, я отка́зываюсь° от двух миллио́нов, о кото́рых я когда́-то
dreamt **deprive myself of the right**	мечта́л° и кото́рые я тепе́рь презира́ю. Что́бы **лиши́ть себя́ пра́ва** на
agreed upon time period	них я вы́йду отсю́да за пять часо́в до усло́вленного° сро́ка° и
thereby will abrogate	**таки́м о́бразом** нару́шу° догово́р...»
kissed	Прочита́в э́то, банки́р положи́л лист на стол, поцелова́л°
strange cried	стра́нного° челове́ка в го́лову, запла́кал° и вы́шел из до́мика. Придя́
agitation tears	домо́й, он лёг спать в посте́ль, но волне́ние° и слёзы° до́лго не дава́ли
fall asleep	ему́ усну́ть°...

СЛОВАРЬ

безнра́вственный - immoral (**нра́вственный** = moral)

Бог - God

во́здух - air

вспомнина́ть - to reminisce

господа́ - gentlemen. (**Господи́н** "gentleman" *is an old form of address roughly equivalent to* "Mister," *which was replaced by* **това́рищ** "comrade" *after the Bolshevik Revolution. It is now making inroads back into the language, especially in official settings. The feminine form is* **госпожа́**.)

держа́ть (держу́, де́ржишь) пари́ - to make a bet. (*This is a slightly archaic expression. In contemporary Russian, for "Do you want to bet on it?" most speakers would say* **Дава́йте поспо́рим! < спор** - argument)

заключе́ние - imprisonment

заключённый - imprisoned person; prisoner. *In the original story Chekhov uses the obsolete word* **у́зник**.

заменя́ть/замени́ть (*что чем*) - to replace something with something else: **На́до замени́ть сме́ртную казнь заключе́нием.** - Capital punishment should be replaced with imprisonment.

замеча́ть/заме́тить - to remark

име́ть (име́ю, име́ешь) - to have (*usually used with abstract concepts*): **име́ть пра́во** - to have the right

ма́ло по ма́лу - little by little

ме́жду про́чим - by the way; by the by

мне́ние - opinion: **по мне́нию** - in the opinion (of)...

наказа́ние - punishment: **спо́соб наказа́ния** - method of punishment

не́ раз - many times (not once, but rather more than once). *Compare with* **ни ра́зу** "not once, never."

одина́ково - equally

про́бовать/по- to try; to try out: **Я не про́бовал сме́ртной ка́зни.** - I've never tried out the death penalty.

по́ртить (по́рчу, по́ртишь) / ис- - to ruin: **Таба́к по́ртит во́здух.** - Tabacco ruins the air.

относи́ться (*к чему*) - to relate (to something); to feel (a certain way) (about something): **Относи́лись к сме́ртной ка́зни отрица́тельно.** - They felt negatively towards capital punishment.

сад - garden: **где: в саду́**

сме́ртная казнь - capital punishment (**< смерть** - death)

среди́ (*чего*) - among

страда́ть - to suffer: **страда́ть от одино́чества** - to suffer from loneliness

убива́ть - to kill

у́гол - corner: **из угла́ в у́гол** - from corner to corner

то и друго́е - both the former and the latter

тому́ наза́д = **наза́д** (ago), but **тому́ наза́д** is slightly higher in style.

тре́бовать (тре́бую, тре́буешь) (*чего*) - to demand (something)

у́мный - intelligent

хозя́ин - host; master; landlord

Irregular plurals. In the story we see these irregular noun plurals:
леса́ < лес - forest
поля́ < по́ле - field
озёра < о́зеро - lake
ре́ки < река́ - river
города́ < го́род - city

Reflexive verbs as passive voice. Russian often expresses passive voice by means of reflexive verbs. This is especially true in the imperfective. For example, **слы́шались зву́ки роя́ля** (literally "the sounds of a piano heard themselves") means "the sounds of a piano were heard."

In this story you will find the following analogous expressions:

Вели́сь интере́сные разгово́ры - Interesting discussions were conducted

Ему́ разреша́лось име́ть музыка́льный инструме́нт - It was permitted for him to have a musical instrument.

Ему́ посыла́лись кни́ги - Books were sent to him.

Послы́шалась му́зыка - Music was heard.